CARTAS À GUINÉ-BISSAU

CARTAS À GUINÉ-BISSAU

REGISTROS DE UMA EXPERIÊNCIA EM PROCESSO

Paulo Freire

9ª edição

PAZ & TERRA
Rio de Janeiro
2021

Diagramação: Filigrana

EDITORA PAZ E TERRA LTDA.
Rua Argentina, 171 – Rio de Janeiro, RJ – 2091-380 – Tel.: (21) 2585-2000
www.record.com.br

Texto revisto pelo novo Acordo Ortográfico da Língua Portuguesa.

CIP-BRASIL. CATALOGAÇÃO NA PUBLICAÇÃO
SINDICATO NACIONAL DOS EDITORES DE LIVROS, RJ

F934c
9ª ed.

Freire, Paulo, 1921-1997
Cartas à Guiné-Bissau: registros de uma experiência em processo/Paulo Freire. – 9ª ed. – Rio de Janeiro: Paz e Terra, 2021.

ISBN 978-85-7753-433-3

1. Leitura (Educação de adultos) - Guiné-Bissau.
2. Freire, Paulo, 1921-1997 - Correspondências.
3. Educação jovens e adultos - Guiné-Bissau.
I. Título.

CDD: 374.9665.7
21-71494 CDU: 374.7 (665.7)

Impresso no Brasil
2021

A Amílcar Cabral, educador-educando de seu povo.

"Posso ter minha opinião sobre muitos temas, sobre a maneira de organizar a luta; de organizar um partido; uma opinião que se formou em mim, por exemplo, na Europa, na Ásia ou ainda em outros países da África, a partir de livros, de documentos, de encontros que me influenciaram. Não posso porém pretender organizar um partido, organizar a luta, a partir de minhas ideias. Devo fazê-lo a partir da realidade concreta do país."

Amílcar Cabral

Sumário

INTRODUÇÃO 11

Primeira parte 13
Segunda parte 63
Postscriptum 105

CARTAS À GUINÉ-BISSAU 135

Carta a Mário Cabral (26/1/1975) 139
Carta a Mário Cabral (abril, 1975) 142
Carta a Mário Cabral (28/7/1975) 146
Carta a Mário Cabral (agosto, 1975) 156
Carta a Mário Cabral (outubro, 1975) 158
Carta a Mário Cabral (26/11/1975) 161

Carta nº 1 à equipe (26/11/1975) 163
Carta a Mário Cabral (6/12/1975) 175
Carta nº 2 à equipe (6/12/1975) 176
Carta a Mário Cabral (5/1/1976) 179
Carta nº 3 à equipe (5/1/1976) 180
Carta a Mário Cabral (3/2/1976) 210
Carta nº 4 à equipe (3/2/1976) 211
Carta a Mário Cabral (abril, 1976) 220
Carta nº 5 à equipe (abril, 1976) 223
Carta a Mário Cabral (7/5/1976) 246
Carta nº 6 à equipe (primavera, 1976) 247

Última página 259

INTRODUÇÃO

PRIMEIRA PARTE

(A) ESTA INTRODUÇÃO PRETENDE SER, sobretudo, uma carta-relatório que faço aos prováveis leitoras e leitores deste livro, tão informal quanto as que o compõem. Nela, como se estivesse conversando, tentarei, tanto quanto possível, ir fixando este ou aquele aspecto que me tem marcado em minhas visitas de trabalho à Guiné-Bissau, até bem pouco aviltantemente chamada pelos colonialistas portugueses de "província de ultramar". Nome pomposo com que procuravam mascarar sua presença invasora naquelas terras e a exploração desenfreada de seu povo.

Meu primeiro encontro com a África não se deu, porém, com a Guiné-Bissau, mas com a Tanzânia, com a qual me sinto, por vários motivos, estreitamente ligado.

Faço esta referência para sublinhar quão importante foi, para mim, pisar pela primeira vez o chão africano e sentir-me nele como quem voltava e não como quem chegava. Na verdade, na medida em que, deixando o aeroporto de Dar es Salaam, há cinco anos passados, em direção ao campus da universidade, atravessava a cidade, ela ia se desdobrando ante mim como algo que eu revia e em que me reencontrava. Daquele momento em diante, as mais mínimas coisas — velhas conhecidas — começaram a falar a mim, de mim. A cor do céu, o verde-azul do mar, os coqueiros, as mangueiras, os cajueiros, o perfume de suas flores, o cheiro da terra, as bananas, entre elas a minha bem amada banana-maçã, o peixe ao leite de coco, os gafanhotos pulando na grama rasteira, o gingar do corpo das gentes andando nas ruas, seu sorriso disponível à vida, os tambores soando no fundo das noites, os corpos bailando e, ao fazê-lo, "desenhando o mundo", a presença, entre as massas populares, da expressão de sua cultura que os colonizadores não conseguiram matar, por mais que se esforçassem para fazê-lo, tudo isso me tomou todo e me fez perceber que eu era mais africano do que pensava.

Naturalmente, não foram apenas estes aspectos, para alguns puramente sentimentalistas, na verdade, contudo, muito mais do que isto, que me afetaram naquele encontro que era um reencontro comigo mesmo.

Teria muito o que dizer das impressões que venho tendo e do aprendizado que venho fazendo nas sucessivas visitas que tenho feito à Tanzânia. Não é este, contudo, o meu objetivo, ao referir-me agora a este país a que me sinto tão ligado. Falei da Tanzânia para salientar, como disse antes, o quanto me foi importante pisar o chão africano e sentir-me nele como quem voltava e não como quem chegava.

Este sentir-me em casa, no chão africano, se repetiu, em certos aspectos, de maneira ainda mais acentuada, quando, em setembro do ano passado, visitei, com a equipe do Instituto de Ação Cultural — IDAC —, pela primeira vez, a Guiné-Bissau. Poderia dizer: quando "voltei" à Guiné-Bissau.

Nesta introdução, falarei do que vem representando, não só para mim, mas para os que, em equipe, participaram da rica e desafiante experiência em que, no campo da educação em geral e, particularmente, no da educação de adultos, trabalhamos com educadores e educandos guineenses e não sobre ou simplesmente para eles.

Creio, porém, que antes de fazê-lo devo dizer duas palavras, tentando explicar a razão que me leva a publicar agora, e não mais tarde, as poucas cartas que até este momento escrevi ao comissário de Educação e à Comissão Coordenadora dos trabalhos de alfabetização em Bissau. A intenção fundamental é a de oferecer aos leitores e às leitoras, através delas, precedidas desta introdução, uma visão mais ou menos dinâmica das atividades que se estão desenvolvendo naquele país e alguns dos problemas teóricos que elas suscitam. Daí o título do livro: *Cartas à Guiné-Bissau: Registros de uma experiência em processo*.

Entre publicar um livro, em dois ou três anos mais, uma espécie de relatório final dos trabalhos hoje em curso, e revelar a experiência em pleno andamento, preferi a segunda hipótese. Gostaria de afirmar, porém, que se outra publicação vier a fazer, como espero, sobre a mesma experiência, já não será constituída pelas cartas que continuarei a escrever. É que prefiro sentir-me, ao redigir as futuras cartas, tão espontâneo — e não neutro — quanto me senti ao redatar as que ora publico. E esta espontaneidade — e não neutralidade — poderia ser prejudicada se, ao escrever as futuras cartas, eu me soubesse trabalhando num segundo volume de cartas à Guiné-Bissau.

Dada esta explicação, comecemos a falar, sem muita preocupação didática, em torno das atividades na Guiné. Ao fazê-lo, gostaria de sublinhar a satisfação com que recebemos, os que fazemos o Departamento de Educação do Conselho Mundial de Igrejas e a equipe do IDAC, na primavera do ano passado, o convite oficial do Governo daquele país através do Comissariado de Educação para, em uma primeira visita, discutir as bases de nossa colaboração, no campo da alfabetização de adultos.

Não nos era estranha, de modo algum, a luta em que o povo da Guiné-Bissau e de Cabo Verde, sob a liderança extraordinária de Amílcar Cabral e de seus camaradas do PAIGC,[1] se tinha empenhado para a expulsão do colonizador português.

Sabíamos o que havia significado essa luta, enquanto forjadora da consciência política de grande parte do povo, bem como da de sua liderança, e enquanto também um dos fundamentais fatores que explicam o 25 de Abril em Portugal.

Sabíamos que iríamos trabalhar não com intelectuais "frios" e "objetivos" ou com especialistas "neutros", mas com militantes engajados no esforço sério de reconstrução de seu país. De reconstrução, digo bem, porque a Guiné-Bissau não parte de zero, mas de suas fontes culturais e históricas, de algo de bem seu, da alma mesma de seu povo, que a violência colonialista não pôde matar. De zero ela parte, com relação às condições materiais em que a deixaram os invasores quando, já derrotados política e militarmente, numa guerra impossível, tiveram de abandoná-la definitivamente após o 25 de Abril, com um legado de problemas e de descaso que diz bem do "esforço civilizatório" do colonialismo.

Daí a satisfação com que recebemos o convite: o de poder participar, mesmo com um mínimo, da resposta ao desafio que tal reconstrução coloca.

---

[1] Partido Africano para a Independência da Guiné e Cabo Verde.

Sabíamos que tínhamos algo com que contribuir para a resposta àquele desafio. Se não o tivéssemos, não se explicaria a aceitação do convite. Mas, fundamentalmente, sabíamos que a ajuda que nos pediam só seria verdadeira na medida em que, em seu processo, jamais pretendêssemos ser os exclusivos sujeitos dela, reduzindo, assim, os nacionais que a solicitavam, a puros objetos da mesma. A ajuda autêntica, não é demais insistir, é aquela em cuja prática os que nela se envolvem se ajudam mutuamente, crescendo juntos no esforço comum de conhecer a realidade que buscam transformar. Somente numa tal prática, em que os que ajudam e os que são ajudados se ajudam simultaneamente, é que o ato de ajudar não se distorce em dominação do que ajuda sobre quem é ajudado. Por isso é que não há real ajuda entre classes dominantes e classes dominadas, nem entre as "sociedades imperiais" e as chamadas sociedades dependentes, de fato, dominadas, na compreensão de cujas relações não se pode prescindir da análise de classe.

Por isso é que, só enquanto militantes, jamais como especialistas "neutros", membros de uma missão estrangeira de assistência técnica, poderíamos, na verdade, prestar nossa colaboração, por mínima que fosse. A nossa opção política e a nossa prática em coerência com ela nos proibiam de pensar, sequer, que poderíamos elaborar, em Genebra, um projeto de alfabetização de adultos, elegantemente redigido, com seus 1^1, 1^2; 2^1, 2^2 a ser levado por nós à Guiné-Bissau, como uma dádiva generosa. Este projeto, pelo contrário — como as próprias bases de nossa colaboração —, teria de nascer lá, pensado pelos educadores nacionais em função da prática social que se dá no país. Nossa colaboração ao desenho do projeto e à posta em prática do mesmo dependeria de nossa capacidade de conhecer melhor a realidade nacional, aprofundando o que já sabíamos em torno da luta pela libertação, das experiências realizadas pelo PAIGC nas antigas zonas libertadas, através da leitura de todo o material que pudéssemos recolher, privilegiando a obra de Amílcar Cabral. Estudos que, realizados em Genebra, seriam completados no terreno, quando de nossa primeira visita ao país, e continuados nas subsequentes visitas, no caso em que se definisse a nossa colaboração em termos mais ou menos prolongados. Subsequentes visitas em que, sobretudo, pensaríamos, com os educadores nacionais, a sua própria prática, em seminários de verdadeira avaliação. Partíamos, pois, de uma posição radical: a da recusa a qualquer tipo de solução "empacotada" ou pré-fabricada; a qualquer tipo de invasão cultural, clara ou manhosamente escondida.

A nossa opção política e a nossa prática em coerência com ela nos proibiam, também, de pensar sequer que nos seria possível ensinar aos educadores e aos educandos da Guiné-Bissau sem com eles aprender. Se toda dicotomia entre ensinar e aprender, de que resulta que quem ensina se recusa a aprender com aquele ou aquela a quem ensina, envolve uma ideologia dominadora, em certos casos, quem é chamado a ensinar algo deve aprender primeiro para, em seguida, começando a ensinar, continuar a aprender.

Uma experiência como esta — a de aprender primeiro para, ensinando depois, continuar a aprender — tínhamos tido, particularmente Elza e eu, no Chile, quando e onde, ao travar os primeiros encontros com educadores chilenos, escutávamos mais do que falávamos e, quando falávamos, era para descrever a prática que tivéramos no Brasil, com suas negatividades e suas positividades e não para prescrevê-la aos educadores chilenos. Foi aprendendo com eles, com os trabalhadores dos campos e das fábricas, que nos foi possível ensinar também. Se algo que fizéramos no Brasil repetimos tal qual no Chile, foi exatamente não separar, de um lado, o ato de ensinar do de aprender; de outro, não tentar superpor ao contexto chileno o que havíamos feito de maneira distinta nos diferentes contextos brasileiros. Na verdade, as experiências não se transplantam, se reinventam. Porque, disto convencidos, uma de nossas preocupações básicas, permanentes, durante todo o tempo em que nos preparávamos, em equipe, para a primeira visita à Guiné-Bissau, foi a de nos vigiar quanto à tentação de, superestimando este ou aquele aspecto desta ou daquela experiência de que antes participáramos, pretender emprestar-lhes validade universal. Daí que a análise, de resto indispensável, das experiências anteriores, como a de experiências realizadas por outros em contextos distintos, fosse feita com vistas a uma compreensão cada vez mais crítica do caráter político e ideológico da alfabetização de adultos, em particular da educação em geral; das relações entre a alfabetização e a pós-alfabetização de adultos (da educação em geral) com a produção, com os objetivos contidos no projeto global da sociedade; das relações entre a alfabetização e o sistema de educação do país. Compreensão crítica do papel que poderia ter a alfabetização de adultos numa sociedade como a guineense, cujo povo direta e indiretamente tinha sido tocado pela guerra de libertação, "um fato cultural e um fator de cultura", na expressão de Amílcar Cabral, e cuja consciência política tinha sido partejada pela luta mesma. Um povo que, apresentando um alto índice de analfabetismo, 90%, do ponto de vista linguístico, é altamente "letrado" do ponto de vista político, ao contrário de certas "comunidades" sofisticadamente letradas, mas grosseiramente "analfabetas" do ponto de vista político.

Esta sim, durante todo o tempo em que nos preparamos para a primeira visita ao país, foi uma temática sempre presente em nossos seminários, em que jamais tivemos um coordenador oficial. Temática igualmente presente nas preocupações de cada um de nós, individualmente, nas horas dedicadas à reflexão em torno de nossa contribuição à Guiné-Bissau. Daí que jamais nos tenhamos detido no estudo de métodos e de técnicas de alfabetização de adultos em si mesmos, mas no estudo deles e delas enquanto a serviço de, e em coerência com uma certa teoria do conhecimento posta em prática, a qual, por sua vez, deve ser fiel a uma certa opção política. Neste sentido, se a opção do educador é revolucionária e se sua prática é coerente com sua opção, a alfabetização de adultos, como ato de conhecimento, tem, no alfabetizando, um dos sujeitos deste ato. Desta forma, o que se coloca a tal educador é a procura dos melhores caminhos, das melhores ajudas que possibilitem ao alfabetizando exercer o papel de sujeito de conhecimento no processo de sua alfabetização. O educador deve ser um inventor e um re-inventor constante desses meios e desses caminhos com os quais facilite mais e mais a problematização do objeto a ser desvelado e finalmente apreendido pelos educandos. Sua tarefa não é a de servir-se desses meios e desses caminhos para desnudar, ele mesmo, o objeto e depois entregá-lo, paternalisticamente, aos educandos, a quem negasse o esforço da busca, indispensável ao ato de conhecer. Na verdade, nas relações entre o educador e os educandos, mediatizados pelo objeto a ser desvelado, o importante é o exercício da atitude crítica em face do objeto e não o discurso do educador em torno do objeto. E mesmo quando, nestas relações, em que educador e educandos, curiosos, se acercam ao objeto de sua análise, os segundos necessitam de alguma informação, indispensável ao prosseguimento da análise, pois que conhecer não é adivinhar, a informação deve ser precedida de certa problematização. Sem esta, a informação deixa de ser um momento fundamental do ato de conhecimento para ser a transferência que dele faz o educador aos educandos.

Esta é uma das razões por que, desde os começos de minha busca, no campo da alfabetização de adultos, procurei superar as cartilhas.[2] As cartilhas, enfatize-se, e não outros materiais que pudessem ajudar os alfabetizandos no exercício de fixação e de aprofundamento de seus achados. Achados que fossem fazendo no domínio da língua, quando, ao serem decompostas as palavras geradoras, começassem a criar outras tantas, através das combinações silábicas. Em defesa desses materiais, sim, sempre estive. Materiais que reforçassem seu aprendizado, enquanto ato criador.

Isto não é, infelizmente, o que ocorre com as cartilhas, mesmo com aquelas cujos autores, esforçando-se ao máximo em ir mais além do caráter doador que têm as mesmas, oferecem aos alfabetizandos algumas oportunidades para que eles também criem palavras e pequenos textos.

---

[2] A esse propósito, ver Paulo Freire, *Educação como prática da liberdade* e *Ação cultural para a liberdade e outros escritos*. Rio de Janeiro: Paz e Terra, 1967 e 1974 respectivamente [14ª edições, São Paulo: Paz e Terra, 2011].

Na verdade, grande parte do esforço a ser realizado pelos alfabetizandos, sobretudo no momento de criação de suas palavras, se encontra feito, nas cartilhas, pelo seu autor ou por sua autora. Neste sentido, em lugar de estimular, nos alfabetizandos, a curiosidade, as cartilhas reforçam neles a atitude passiva, receptiva, o que contradiz o caráter criador do ato de conhecer.

Parece-me que este é um dos problemas que uma sociedade revolucionária deve se pôr no campo da educação enquanto ato de conhecimento. O do papel criador e recriador, o da re-invenção que o ato de conhecer demanda de seus sujeitos. O da curiosidade diante do objeto, qualquer que seja o momento do ciclo gnosiológico em que estejam, o em que se busca conhecer o conhecimento existente ou o em que se procura criar o novo conhecimento. Momentos, de resto, indicotomizáveis. A separação entre esses momentos reduz, de modo geral, o ato de conhecer o conhecimento existente à sua pura transferência "burocrática". A escola, não importa o seu nível, se transforma em "mercado de saber"; o professor, num especialista sofisticado, que vende e distribui um "conhecimento empacotado"; o aluno, no cliente que compra e "come" este conhecimento.

Se o educador, pelo contrário, não é levado a "burocratizar-se" neste processo, mas a manter viva a sua curiosidade, re-desvela o objeto no desvelamento que dele vão fazendo os educandos e, assim, não raro, percebe nele dimensões até então despercebidas.

É de fato indispensável que educadores-educandos e educandos-educadores se exercitem constantemente na recusa à "burocratização" que, aniquilando a criatividade, os transforma em repetidores de clichês. Quanto mais "burocratizados", tanto mais tendem a ficar alienadamente "aderidos" à quotidianeidade, de que já não "tomam distância" para compreender a sua razão de ser.

A coerência entre a opção político-revolucionária do educador e sua prática lhe é indispensável para que evite sua "burocratização". Quanto mais vigilante na sua vivência desta coerência, tanto mais autenticamente militante se faz, recusando assim, também, o papel de técnico ou de especialista neutro, neste ou naquele campo.

Como militantes e não como especialistas neutros ou técnicos frios é que aceitamos, como disse antes, o convite do Governo da Guiné-Bissau, e nesta condição é que, em setembro do ano passado, fizemos a nossa primeira visita ao país. Daí que tenhamos deixado Genebra dispostos a ver e a ouvir, a indagar e a discutir e não carregando conosco, em nossas valises de mão, planos salvadores ou relatórios semielaborados.

Em equipe, debatêramos, em Genebra, a melhor maneira de, na Guiné-Bissau, ver e ouvir, indagar e discutir, de que resultaria o programa de nossa contribuição. Programa, portanto, a nascer lá, em diálogo com os nacionais, em torno de sua realidade, de suas necessidades e de nossas possibilidades, e não em Genebra, feito por nós para eles.

Na medida em que jamais tomamos a alfabetização de adultos em si mesma, reduzindo-a a um puro aprendizado mecânico da leitura e da escrita, mas como um ato político, diretamente associado à produção, à saúde, ao sistema regular de ensino, ao projeto global de sociedade a ser concretizado, ver e ouvir, indagar e discutir, partindo embora do

Comissariado de Educação, teriam de prolongar-se a outros comissariados, ao Partido, incluindo as suas organizações de massas. Daí que o nosso plano de trabalho para a primeira visita, em Genebra simplesmente esboçado em suas linhas gerais e, na verdade, elaborado com os nacionais em Bissau, tenha dividido o nosso tempo no país em três momentos básicos, jamais rigidamente separados entre si.

Primeiro momento

(B) No primeiro momento, em que buscávamos ver e ouvir, indagar e discutir, entramos em contacto, em Bissau, inicialmente, com as diferentes equipes do Comissariado de Educação e não apenas com o recém-criado Departamento de Educação de Adultos.

Precisávamos conhecer os problemas centrais e a maneira como vinham sendo confrontados, no campo do ensino primário e no do secundário. Que modificações já haviam sido introduzidas no sistema geral de ensino, herdado do colonizador, e que fossem capazes de estimular, a pouco e pouco, a sua radical transformação, com a criação de uma nova prática educativa, que expressasse uma outra concepção da educação, em consonância com o projeto da nova sociedade que o Partido e o Governo se propõem criar com o povo.

Na verdade, a educação colonial herdada, de que um dos principais objetivos era a "desafricanização" dos nacionais, discriminadora, mediocremente verbalista, em nada poderia concorrer no sentido da reconstrução nacional, pois para isto não fora constituída. A escola colonial, a primária, a liceal, a técnica, esta separada da anterior, antidemocrática nos seus objetivos, no seu conteúdo, nos seus métodos, divorciada da realidade do país, era, por isso mesmo, uma escola de poucos, para poucos e contra as grandes maiorias. Selecionava até mesmo a pequena minoria dos que a ela tinham acesso, expulsando grande parte deles após os primeiros encontros com ela e, continuando a sua filtragem seletiva, ia aumentando o número dos renegados. Renegados em quem enfatizava o sentimento de inferioridade, de incapacidade, em face de seu "fracasso".[3]

Reproduzindo, como não podia deixar de ser, a ideologia colonialista, procurava incutir nas crianças e nos jovens o perfil que deles fazia aquela ideologia.[4] O de seres inferiores, incapazes, cuja única salvação estaria em tornar-se "brancos" ou "pretos de alma branca". Daí o descaso que essa escola necessariamente teria de ter por tudo o que dissesse de perto aos nacionais, chamados de "nativos". Mais do que descaso, a negação de tudo o que fosse representação mais autêntica da forma de ser dos nacionais: sua história, sua cultura, sua língua. A história dos colonizados "começava" com a chegada dos colonizadores, com sua presença "civilizatória"; a cultura dos colonizados, expressão de sua forma bárbara de compreender o mundo. Cultura, só a dos colonizadores. A música dos colonizados, seu ritmo, sua dança, seus bailes, a ligeireza de movimentos de seu corpo, sua criatividade em geral, nada disto tinha valor. Tudo isto, quase sempre, tinha de ser reprimido e, em seu lugar, im-

[3] A esse propósito, ver a crítica de Julius Nyerere à educação colonial na Tanzânia, em seu excelente discurso *Education for Self-Reliance*, de 1967.

[4] Ver Frantz Fanon, *Os condenados da terra*. Rio de Janeiro: Civilização Brasileira, 1979; e Albert Memmi, *Retrato do colonizado precedido pelo retrato do colonizador*, 2ª ed. Rio de Janeiro: Paz e Terra, 1977.

posto o gosto da Metrópole, no fundo, o gosto das classes dominantes metropolitanas.

Por tudo isto é que, para os colonizados que passaram pela alienante experiência da educação colonial, a "positividade" desta educação ou de alguns de seus aspectos só existe quando, independentizando-se, a rejeitam e a superam. Quando, assumindo com seu povo, a sua história, se inserem no processo de "descolonização das mentes", a que faz referência Aristides Pereira; processo que se alonga no que Amílcar Cabral chamava de "reafricanização das mentalidades". E isto implica a transformação radical do sistema educacional herdado do colonizador, o que não pode ser feito, porém, de maneira mecânica. Envolvendo fundamentalmente uma decisão política, em coerência com o projeto de sociedade que se procura criar, esta transformação radical requer certas condições materiais em que se funde, ao mesmo tempo que as incentive. Requer não apenas o aumento indispensável da produção, mas a sua reorientação, ao lado de uma diferente concepção da distribuição. A clareza política na determinação do que produzir, do como, do para que, do para quem produzir. Transformação radical que, ao ser iniciada, mesmo timidamente, e em função das novas condições materiais, em um de seus principais aspectos, o da superação, por exemplo, da dicotomia trabalho manual-trabalho intelectual, provoca, necessariamente, resistências da velha ideologia que sobrevive, como um dado concreto, aos esforços de criação da nova sociedade.

Aqui, obviamente, as resistências ideológicas são as mesmas que se opõem à sobrepassagem do modo incorreto de conceber o conhecimento como algo concluído, terminado, a que corresponde o papel do educador, enquanto "possuidor" de tal "conhecimento acabado", de transferi-lo ao educando que dele carece. Resistências, às vezes, o que é pior, não propriamente a uma compreensão, a nível intelectual, correta, do conhecimento, mas a uma prática em coerência com essa compreensão. Daí que a transformação radical do sistema educacional herdado do colonizador exija um esforço interestrutural, quer dizer, um trabalho de transformação ao nível da infraestrutura e uma ação simultânea ao nível da ideologia. A reorganização do modo de produção e o envolvimento crítico dos trabalhadores numa forma distinta de educação, em que mais que "adestrados" para produzir, sejam chamados a entender o próprio processo de trabalho.

Neste campo ainda, o da transformação do sistema educacional herdado do colonizador, uma das tarefas a ser levada a cabo será a da capacitação dos novos quadros do ensino e a da re-capacitação dos velhos. Entre eles, sobretudo entre os segundos, haverá aqueles e aquelas que, percebendo-se "possuídos" pela velha ideologia, a assumem conscientemente, passando a solapar, manhosa ou ostensivamente, a nova prática. Desses e dessas nada se pode esperar de positivo para o esforço de reconstrução nacional. Mas haverá também aqueles e aquelas que, percebendo-se "assumidos" pela velha ideologia, vão dela desfazendo-se na nova prática à qual aderem. Com esses se pode trabalhar. Os segundos são os que aceitam e cometem o "suicídio de classe"; os primeiros, os que o recusam.

Referindo-se ao papel da pequena burguesia no quadro geral da luta de libertação nacional, afirmou Amílcar Cabral: "Para não trair estes objetivos (os da libertação nacional) a pequena burguesia não tem mais que um caminho: reforçar sua consciência revolucionária, repudiar as tentativas de aburguesamento e as solicitações naturais de sua mentalidade de classe, identificar-se com as classes trabalhadoras, não se opor ao desenvolvimento normal do processo da revolução. Isto significa que, para cumprir perfeitamente o papel que lhe cabe na luta de libertação nacional, a pequena burguesia revolucionária deve ser capaz de se suicidar como classe para ressuscitar como trabalhadora revolucionária, inteiramente identificada com as aspirações mais profundas do povo a que pertence.

"Esta alternativa", prossegue Cabral — trair a Revolução ou se suicidar como classe —, "constitui a opção da pequena burguesia no quadro geral da luta de libertação nacional".[5]

Esta alternativa continua de pé, em todos os campos de atividade, hoje, na luta pela reconstrução nacional, que é o prolongamento daquela.

As discussões em torno da alfabetização de adultos não poderiam prescindir de outras tantas a propósito destes problemas, aqui, apenas, sumariamente referidos. Isto não significa, obviamente, que as atividades no setor da alfabetização de adultos só devessem começar após a transformação radical do sistema educacional herdado do colonizador. Significa, porém, que a transformação radical de tal sistema — e não sua pura reforma — deve ser um objetivo que se persiga de maneira cada vez mais clara e mais rápida.

O debate em torno deste problema fundamental — o do sistema educacional enquanto herança colonial — nos

[5] Amílcar Cabral, *Unité et Lutte I: L'arme de la théorie*. Paris: Cahiers Libres, Maspéro, 1975, p. 302-303.

teria necessariamente de levar, em nossa conversa com as equipes do Comissariado de Educação, à análise de uma outra herança — a da guerra de libertação. Herança representada no acervo de excelentes experiências lideradas pelo PAIGC nas então chamadas zonas libertadas do país, no setor da produção, da distribuição, com os "armazéns do povo", no da justiça, no da saúde, no da educação.

Era preciso saber, sobretudo, como as equipes nacionais, ao preocupar-se com a transformação do sistema herdado do colonizador, viam a herança da guerra. E que, na verdade, o novo sistema a surgir não poderá ser uma síntese feliz das duas heranças, mas o aprofundamento em todos os aspectos melhorado do que se fez nas zonas libertadas, em que uma educação eminentemente popular e não elitista se desenvolveu.[6] Em que, tomada nas

[6] "Este trabalho educativo no interior do país obteve resultados importantes, escolarizando grande número de crianças a partir dos dez anos. (Dadas as condições de guerra era esta a idade mínima para a admissão na instrução primária. No ano letivo de 1971-1972 o PAIGC tinha nas zonas libertadas um total de 164 escolas, onde 258 professores ensinavam a 14.531 alunos.) Posteriormente, os melhores alunos eram selecionados para frequentarem os internatos do Partido, instalados nos países limítrofes, no âmbito do Instituto da Amizade. Além disso, o PAIGC, tendo em conta as exigências da reconstrução nacional e não obstante as condições da luta armada que obrigava a dedicar muitos jovens à preparação militar, cuidou, particularmente, da formação de quadros a nível médio e superior. Para isso, contou com apoio de países amigos, de tal maneira que durante os anos de luta um número muito maior de guineenses atingiu os cursos superiores em comparação com o período de ocupação portuguesa. Em dez anos o PAIGC formou muito mais quadros que o colonialismo em cinco séculos." ("Em dez anos, de 1963 a 1973, foram formados os seguintes quadros do PAIGC: 36 com o curso superior, 46 com o curso técnico médio, 241 com cursos profissionais e de especialização e 174 quadros políticos e sindicais. Em contrapartida, desde 1471 até 1961, apenas se formaram quatorze guineenses com curso superior e onze ao nível do ensino técnico.") Luiza Teotónio Pereira e Luís Motta, *Guiné Bissau: 3 anos de Independência*. Lisboa: Edição CIDAC-C, Coleção África em Luta, 1976, p. 106-107.

mãos da população, tanto quanto esta se deu às tarefas de apoio aos guerrilheiros, uma escola de trabalho, ligada à produção e preocupada com a formação política dos educandos, nasceu em resposta às exigências mesmas da luta de libertação e em que as crianças tinham de aprender, inclusive, como sobreviver aos ataques devastadores dos aviões inimigos.

Uma educação que, expressando, de um lado, o clima de solidariedade que a luta provocava, de outro, o estimulava e que, encarnando o presente dramático da guerra, buscava o reencontro com o autêntico passado do povo e se dava a seu futuro.

Aqui, como em todas as dimensões do processo de libertação, na Guiné-Bissau, se percebe a visão profética de Amílcar Cabral, a sua capacidade de analisar a realidade do país, de jamais negá-la, de partir sempre dela como estava sendo e não como ele gostaria que ela fosse, de denunciar, de anunciar. Denúncia e anúncio, porém, jamais estiveram, em Amílcar Cabral, dissociados, como também jamais fora da práxis revolucionária. A denúncia da realidade opressora, da espoliação, da farsa colonialista, que procurava mascarar aquela espoliação, bem como o anúncio da nova sociedade, constituindo-se no seio mesmo da velha, através da transformação revolucionária, ele sempre fez, com seus camaradas, na prática da luta. Enquanto um homem que viveu plenamente a coerência entre sua opção política e sua prática, a palavra, em Cabral, era sempre a unidade dialética entre ação e reflexão, prática e teoria. Daí que nunca se tenha deixado tentar, de um lado, pelo blá-blá-blá; de outro, pelo ativismo.

A sua clareza política, a coerência entre sua opção e sua prática estão na raiz tanto de sua recusa ao espontaneísmo como de sua rejeição à manipulação. Nem as massas populares, atomizadas, entregues a si mesmas, marchando ao gosto dos acontecimentos, sem um Partido revolucionário e uma vanguarda que esclareçam, que mobilizem, que organizem, que orientem, nem tampouco uma vanguarda "proprietária" das massas populares. Nem licenciosidade nem autoritarismo burocrático. Nem a vanguarda atrás das massas populares, perdendo-se na "poeira" que estas fazem, nem demasiado à frente, fazendo-as perder-se na "poeira" da vanguarda, mas esta *com* aquelas, ensinando e aprendendo mutuamente, na luta de libertação. Tal qual Guevara, tal qual Fidel, Amílcar esteve constantemente em comunhão com seu povo, cujo passado conhecia tão bem e em cujo presente se encontrava tão radicalmente inserido — o presente da luta a que se deu sem restrições. Cabral podia, assim, prever e antever. Por isso é que, em todo hoje que ele intensamente vivia, havia sempre um sonho possível, um viável histórico, a começar a ser forjado no hoje mesmo.

"Nós não morremos", disse ele certa vez a militantes com quem discutia sobre a força mágica dos amuletos, "se não fazemos a guerra ou se não atacamos o inimigo em posição de fraqueza. Se cometemos erros, se nos encontramos em posição débil, morremos, não há outra saída. Vocês me dirão: 'Cabral não sabe, mas temos visto vários casos em que o amuleto é que salvou os camaradas da morte; as balas vinham e ricocheteavam.' Vocês poderão dizê-lo; espero, porém, que os filhos de nossos filhos, ao ouvirem tais histórias e ao ficarem contentes por saber que o PAIGC foi capaz de dirigir a luta de acordo com a realidade de seu país, digam também: 'nossos pais lutaram bastante, mas acreditavam em coisas estranhas.' O que lhes digo talvez não tenha sentido agora; falo para o amanhã..."[7]

Amílcar Cabral sabia que os canhões sozinhos não faziam a guerra e que esta se resolve quando, em seu processo, a debilidade dos oprimidos se faz força, capaz de transformar a força dos opressores em fraqueza. Daí a preocupação constante, a paciente impaciência com que invariavelmente se deu à formação política e ideológica dos militantes, qualquer que fosse o nível e o setor de sua ação. Daí a atenção especial que dedicou aos trabalhos de educação nas zonas libertadas e também o carinho com que, antes de ir à frente de combate, visitava as crianças das escolinhas e compartia com elas de seus jogos e de seus brinquedos e a quem tinha sempre uma palavra correta a dizer. Crianças a quem costumava chamar de "flores de nossa revolução".

Não nos surpreendeu a maneira clara como, de modo geral, todos esses pontos foram analisados pelas equipes nacionais, com a presença do comissário de Educação, que se sente a elas incorporado, conscientes todos do que significa o empenho de recriar uma sociedade. Dos obstáculos diários a enfrentar, desde a falta dos mais mínimos materiais — uma simples máquina de escrever — à necessidade imperiosa de formação de quadros nos mais diferentes campos, para a posta em prática de seus projetos.

---

[7] Amílcar Cabral, op. cit., p. 200-201.

Percebemos a lúcida compreensão que o comissário Mário Cabral tinha da rica experiência educativa desenvolvida durante a guerra, bem como a maneira correta como encarava a transformação radical do sistema educativo herdado do colonizador que ele, contudo, sabia não poder ser superado magicamente. Mário Cabral sabia e o sabe cada vez melhor, em função de sua prática militante à frente do Comissariado de Educação, que as relações entre o sistema educacional e a sociedade global são dialéticas e não mecânicas. Reconhecendo os limites da educação formal, enquanto subsistema de um sistema maior, reconhecia também o seu papel fundamental na formação de uma nova mentalidade em coerência com os objetivos da nova sociedade a ser criada. Papel fundamental, contudo, que não poderia ser cumprido se, em vez de se tomar a prática social vigente no país, se tentasse uma educacão que correspondesse à futura sociedade, em processo de gestação. Uma tal tentativa, rigorosamente idealista, não poderia, por isso mesmo, ser concretizada. Daí que, por exemplo, entre fechar bruscamente as escolas herdadas do colonizador, ao nível primário e liceal, enquanto se reorientava o sistema educacional, ou anunciar medidas impossíveis e introduzir, no velho sistema, reformas fundamentais, capazes de acelerar a sua futura transformação radical, em função das modificações que se fossem operando nas bases materiais da sociedade, preferiu a segunda hipótese.

Neste sentido, a reformulação dos programas de geografia, de história e de língua portuguesa, ao lado da substituição dos textos de leitura, carregados de ideologia colonialista, era um imperativo. Fazia-se necessário que os estudantes guineenses estudassem, prioritariamente, sua geografia e não a de Portugal, que estudassem seus braços de mar, seu clima e não o rio Tejo. Era preciso que os estudantes guineenses estudassem, prioritariamente, sua história, a história da resistência de seu povo ao invasor, a da luta por sua libertação que lhe devolveu o direito de fazer sua história, e não a história dos reis de Portugal e das intrigas da Corte. Era preciso que os estudantes guineenses fossem chamados não a "exercícios de moldagem em barro, do poeta cego de um olho e coroado de louros",[8] mas a participar do esforço de reconstrução nacional. Era preciso, por isso mesmo, começar a pensar em caminhos através dos quais fosse possível provocar, mesmo timidamente, no início, as primeiras intimidades entre os estudantes liceanos de Bissau e a atividade produtiva.

A "Escola ao campo", projeto que consistia em deslocar, temporariamente, as escolas urbanas, com seus professores e seus estudantes a áreas rurais, em que, vivendo em acampamentos, participariam da atividade produtiva, aprendendo com os camponeses e a eles algo ensinando, sem que se suprimissem as demais atividades escolares, era um desses caminhos de que nos falava o comissário Mário Cabral.

Assim é que, já no ano letivo de 1975, tinham sido iniciadas experiências a prolongar-se, como de fato se deu, no de 1976, de integração do trabalho produtivo às atividades escolares normais, no intuito de combinar trabalho e estudo, de tal maneira que aquele fosse, tanto quanto possível, constituindo-se como fonte do último, em unidade com ele.

[8] IV Centenário da publicação de *Os Lusíadas* — Comissão das Comemorações na Guiné. *Os Lusíadas e a Guiné*, Bissau, 1972.

Na medida em que essas experiências se forem sistematizando e aprofundando é possível fazer derivar da atividade protetiva, cada vez mais, os conteúdos programáticos de "n" disciplinas que, ao sistema tradicional, são "transferidos", quando são, verbalistamente.

Em certo momento já não se estuda para trabalhar nem se trabalha para estudar; estuda-se ao trabalhar. Instala-se aí, verdadeiramente, a unidade entre a prática e a teoria. Mas, insista-se, o que a unidade entre prática e teoria elimina não é o estudo enquanto reflexão crítica (teórica) sobre a prática realizada ou realizando-se, mas a separação entre ambas. A unidade entre a prática e a teoria coloca, assim, a unidade entre a escola, qualquer que seja o seu nível, enquanto contexto teórico, e a atividade produtiva, enquanto dimensão do contexto concreto.

Entre as experiências, já àquela época bastante positivas, apesar das dificuldades com que se defrontava o Comissariado de Educação para implementá-las, umas de ordem ideológica — resistências de estudantes que não aceitavam a ideia de usar suas mãos —, outras de caráter material — falta de transporte, por exemplo — podiam destacar-se as seguintes:

Trabalho aos domingos, pela manhã, com 120 alunos concluintes do liceu de Bissau, nas granjas do Estado.

Participação de alunos do 2º e 3º anos do liceu de Bissau em atividades produtivas, em hortas do Instituto da Amizade.

Dois meses de trabalho no setor da pecuária pelos alunos do 2º ano da escola Salvador Allende.

Jardins feitos pelos alunos de um grande número de escolas primárias da capital.

É interessante salientar que, antes e depois das idas ao campo para a participação na atividade produtiva, os alunos do liceu discutiam com os técnicos agrícolas, que os acompanham sempre nas visitas, uma série de aspectos ligados àquela prática.

Os seminários de avaliação, realizados na volta de cada ida ao campo, confirmam, aprofundam ou corrigem a visão de alguns dos pontos discutidos na reunião preparatória.

É interessante, também, salientar a maneira aberta com que os camponeses recebiam a visita de estudantes urbanos, dispondo-se a com eles algo aprender e a eles algo ensinar. No fundo, porém, deveriam ser os estudantes os que mais aprendiam, ao fazer a sua intimidade, pela primeira, vez, com o trabalho duro de lavrar a terra, de colher, de produzir.

Estas experiências eram feitas, não só em Bissau, onde as dificuldades são maiores, mas noutras áreas do país, em que as condições são mais favoráveis. No momento, elas se estendem à quase totalidade das escolas, havendo algumas, como o liceu de Bafatá, que têm dois campos agrícolas, sem falar-se das escolas das antigas zonas libertadas, que continuam a ser autossuficientes, através da atividade produtora de seus alunos e de seus professores. Na região de Bafatá, acrescente-se, em 106 escolas, 96 têm campo agrícola.

Medidas como estas, a que se juntavam a organização do Comissariado de Educação, evitando-se, porém, a sua rígida centralização, e para o que se contava, na época de nossa visita, com a colaboração militante de dois educadores cubanos e o esforço já iniciado no sentido da capacitação e recapacitação dos professores, anunciavam transformações mais profundas que viriam a seu tempo. Transformações já agora em curso e de que falarei mais adiante.

(C) Quanto à alfabetização de adultos, duas iniciativas básicas haviam sido começadas — uma, ligada às Forças Armadas do Povo, FARP, e a outra, ao Comissariado de Educação que já criara o seu Departamento de Educação de Adultos.

A tendência, porém, respeitadas embora certas especificidades de cada uma dessas iniciativas, era para a unificação dos esforços, indispensável à eficiência do Programa Nacional.

É interessante salientar que, quer do ponto de vista das FARP, quer do Comissariado de Educação, a alfabetização era tomada como um ato político, em cujo processo os alfabetizandos se engajam com a ajuda dos animadores — alfabetizadores — enquanto militantes uns e outros, no aprendizado crítico da leitura e da escrita e não na memorização mecânica e alienante de sílabas, palavras e frases que lhes fossem doadas. Posição, de resto, em total coincidência com a nossa. Os seus problemas, pois, não se punham ao nível da visão correta do processo, mas ao nível de sua concretização.

O importante, de fato, na alfabetização de adultos, não é o aprendizado da leitura e da escrita de que resulte a leitura de textos sem a compreensão crítica do contexto social a que os textos se referem. Esta é a alfabetização que interessa às classes dominantes quando, por diferentes razões, necessitam estimular, entre as classes dominadas, a sua "introdução ao mundo das letras". E quanto mais "neutras" fizerem estas classes sua "entrada" neste mundo, melhor para aquelas.

Numa perspectiva revolucionária, pelo contrário, impõe-se que os alfabetizandos percebam ou aprofundem a percepção de que o fundamental mesmo é fazer história e por ela serem feitos e refeitos e não ler estórias alienantes. Correndo o risco de parecer esquematicamente simétrico, diria que, no primeiro caso, os educandos jamais são chamados a pensar, criticamente, os condicionamentos de seu próprio pensamento, a refletir sobre a razão de ser de sua própria situação, a fazer uma nova "leitura" da realidade que lhes é apresentada como algo que é e a que devem simplesmente melhor adaptar-se. O pensamento-linguagem, absurdamente desligado da objetividade; os mecanismos de introjeção da ideologia dominante, jamais discutidos. O conhecimento é algo que deve ser "comido" e não feito e re-feito. O analfabetismo é visto ora como uma erva daninha, ora como uma enfermidade, daí que se fale tanto de sua "erradicação" ou dele como uma "chaga".

Objetos no contexto geral da sociedade de classes, enquanto oprimidos e proibidos de ser, os analfabetos continuam objetos no processo da aprendizagem da leitura e da escrita. É que comparecem a este processo não como quem é convidado a conhecer o conhecimento anterior que sua prática lhes deu para, reconhecendo as limitações deste conhecimento, conhecer mais. Pelo contrário, o que a eles se lhes propõe é a recepção passiva de um "conhecimento empacotado".

No segundo caso, na perspectiva revolucionária, os educandos são convidados a pensar. Ser consciente não é, nesta hipótese, uma simples fórmula ou um mero "slogan". É a forma radical de ser dos seres humanos, enquanto seres que não apenas conhecem, mas sabem que conhecem. O aprendizado da escrita e da leitura, como um ato criador, envolve, aqui, necessariamente, a compreensão crítica da realidade. O conhecimento do conhecimento anterior, a que os alfabetizandos chegam ao analisar a sua prática no contexto social, lhes abre a possibilidade a um novo conhecimento: conhecimento novo, que indo mais além dos limites do anterior, desvela a razão de ser dos fatos, desmitificando, assim, as falsas interpretações dos mesmos. Agora, nenhuma separação entre pensamento-linguagem e realidade objetiva, daí que a leitura de um texto demande a "leitura" do contexto social a que se refere. Neste sentido, a alfabetização de adultos se inscreve como uma introdução ao esforço de sistematização do conhecimento que trabalhadores rurais e urbanos alcançam em decorrência de sua atividade prática, que jamais se explica por si mesma, mas pelas finalidades que a motivam. Sistematização que se vai aprofundando nas etapas que se seguem à alfabetização. Ao lado da reorganização do modo de produção, este é, enfatize-se, um dos aspectos centrais a ser criticamente compreendido e trabalhado por uma sociedade revolucionária: o da valoração, e não idealização, da sabedoria popular que envolve a atividade criadora do povo e revela os níveis de seu conhecimento em torno da realidade. O que se impõe, de fato, não é a transmissão ao povo de um conhecimento previamente elaborado, cujo processo implicasse o desconhecimento do que o povo já sabe e, sobretudo, de que o povo sabe, mas a ele devolver, em forma organizada, o que ele nos oferece em forma desorganizada.[9] O que vale dizer, conhecer com

---

[9] "Nós devemos ensinar às massas com precisão o que delas recebemos confusamente", disse Mao em entrevista a Malraux. André Malraux, *Antimémoires*. Paris: Gallimard, 1967, p. 531.

o povo a maneira como o povo conhece e os níveis de seu conhecimento. Isto significa desafiá-lo, através da reflexão crítica sobre sua própria atividade prática, portanto sobre as finalidades que a motivam, a organizar os seus achados, superando, assim, a mera opinião sobre os fatos por uma cada vez mais rigorosa apreensão e explicação dos mesmos. Desafio a que Amílcar Cabral dava séria atenção quando, analisando a luta de libertação como "um fato cultural e um fator de cultura", sublinhava a necessidade de que essa cultura se fosse tornando cada vez mais científica e não cientificista — sobrepassando, então, o que ele costumava chamar de "fraquezas da cultura".

Um trabalho como este, fundado sempre na prática de pensar a prática, com que a prática se aperfeiçoa, proporcionaria o surgimento de verdadeiros centros de estudos que, girando embora em torno de um tema central — agricultura, saúde, por exemplo —, desenvolveriam análises globais dos mesmos. Centros que se iriam convertendo a pouco e pouco, em função mesma de trabalho sistematizador do conhecimento, em permanente processo de aprofundamento, em futuras unidades universitárias, mas de uma universidade que nasceria das classes trabalhadoras e com elas, não sobre elas, o que significaria contra elas.

O importante, na verdade, num tal trabalho com o povo, é o exercício daquela postura crítica diante da realidade, em que esta começa a ser tomada, cada vez mais rigorosamente, como objeto de conhecimento, na análise da própria ação transformadora sobre ela. É ter na atividade prática um objeto permanente de estudo de que resulte uma compreensão da mesma que ultrapasse o seu caráter imediatamente utilitário. É ter nela não apenas a fonte do conhecimento de si mesma, da sua razão de ser, mas de outros conhecimentos a ela referidos.

A questão que se coloca, pois, a uma sociedade revolucionária, não é a de apenas "treinar" a classe trabalhadora no uso de destrezas consideradas como necessárias ao aumento da produção, destrezas que, na sociedade capitalista, são cada vez mais limitadas, mas aprofundar e ampliar o horizonte da compreensão dos trabalhadores (trabalhadoras) com relação ao processo produtivo.

Mas digamos algo do que se fazia, no momento de nossa visita, no setor da alfabetização de adultos.

Como era de se esperar, os trabalhos no seio das FARP, pelo alto índice de clareza política de seus militantes, em decorrência da luta de libertação, já apresentavam resultados verdadeiramente positivos, apesar das inúmeras dificuldades a serem transpostas e de que se achavam conscientes os responsáveis. Dificuldades ora quanto à falta de material, ora no que respeita à pouca eficiência de certos animadores (alfabetizados), a demandar um permanente aperfeiçoamento.

Em julho de 1975, dois meses antes de nossa primeira visita e após um curso de capacitação inicialmente sob a responsabilidade de uma única militante,[10] 82 animadores e sete coordenadores (supervisores) pertencentes às FARP se encontravam em atividade, em quartéis de Bissau, enquanto 150 outros militantes terminavam sua formação.

[10] Essa militante participara, em Lisboa, de um seminário de formação, coordenado pelo professor Cintra, em que se analisaram os aspectos fundamentais da experiência do autor, sobretudo no Brasil.

O projeto das FARP, pensado pelo comissário político das mesmas, Júlio de Carvalho, e seus assessores, previa três momentos ligados entre si. O primeiro, o de um intenso esforço de alfabetização através do qual, tão rapidamente quanto possível, se buscaria superar o problema do analfabetismo entre seus militantes, na zona de Bissau. No segundo, ao mesmo tempo que, em Bissau, se começasse a pós-alfabetização, aprofundamento diversificado do que se faria no primeiro, se estenderia a alfabetização às unidades militares por todo o país. No terceiro, finalmente, "as FARP, transbordando-se a si mesmas, para repetir as palavras de Júlio de Carvalho, alcançariam a população civil". Este "transbordamento" se daria ora através de militantes das FARP que, embora desmobilizados e incorporados à atividade produtiva, continuariam a elas ligados, ora por meio daqueles que, na ativa, dariam sua contribuição às tarefas de mobilização e de alfabetização de adultos civis.

Ao escrever esta introdução, posso afirmar que os dois primeiros momentos se acham em pleno desenvolvimento. A pós-alfabetização se inicia nos quartéis de Bissau, onde já não há, praticamente, analfabetos, enquanto a alfabetização atinge a 80% dos militantes das Forças Armadas Revolucionárias do Povo nas demais zonas do país. O terceiro momento está em seus começos. Cinge-se, até agora, à colaboração que representantes da Equipe Central das FARP vêm dando à Comissão Coordenadora de Alfabetização, enquanto membros da mesma. Comissão que, acrescente-se, de acordo com as linhas gerais da política do Partido e do Governo, planeja e supervisiona os trabalhos de alfabetização de adultos nas áreas civis.

Obviamente, era necessário que os cinco componentes da equipe[11] nos dividíssemos e, assim, visitássemos alguns, pelo menos, dos Círculos de Cultura em funcionamento. Era indispensável, no instante em que nos achávamos, o de ver e ouvir, indagar e discutir, que observássemos como se "moviam", nos círculos, os seus participantes, de um lado, os alfabetizandos, de outro, os animadores. Até que ponto sua prática estaria sendo preponderantemente criadora ou, pelo contrário, enfadonhamente repetidora e alienadamente memorizadora. Até que ponto estariam os alfabetizandos apropriando-se de sua palavra, exercitando a sua expressividade, conscientemente envolvidos num ato político ou se, pelo contrário, estariam simplesmente "aprendendo a ler e a escrever".

É interessante sublinhar que a nossa atitude, ao visitar os Círculos de Cultura, não era, de um lado, a de quem se inclinasse à superestimação do que fosse observado nem, de outro, a de quem, fixado em modelos ideais, não fosse capaz de perceber a distância entre eles e a realidade concreta. Nem euforias incontidas diante dos acertos, nem negativismos em face dos equívocos que fôssemos encontrar. O importante era ver o que se fazia, nas condições materiais limitadas que sabíamos existir, para, em seguida, ver o que se poderia fazer de melhor, nas mesmas condições, caso não fosse possível, de imediato, torná-las mais favoráveis.

O que a observação da prática nos Círculos de Cultura revelou é que, apesar dos desacertos, os seus participantes,

---

[11] No momento da visita, compunham a equipe Miguel D'Arcy de Oliveira, Claudius Ceccon, Marcos Arruda, Elza Freire e Paulo Freire. Posteriormente, se incorporaram, vivendo na Guiné-Bissau, José Barbosa e Gisèle Ouvray, e, ao nível de Genebra, Rosiska Darcy de Oliveira.

alfabetizandos e animadores, se achavam engajados num trabalho preponderantemente criador. Em algo mais que simplesmente aprender e ensinar a ler e a escrever. E isto é que era fundamental.

Entre os desacertos mais flagrantes, poderia citar, por exemplo, a impaciência ou a pressa com que certos animadores, às vezes, criavam, eles mesmos, as palavras em lugar de desafiarem os alfabetizandos a fazê-lo, ou a ênfase que davam à repetição em coro, demasiado demorada, de um conjunto silábico, certamente convencidos de que tal repetição cadenciada seria o melhor meio pelo qual os alfabetizandos conheceriam as sílabas, ou ainda a falta de vivacidade com que alguns animadores participavam dos debates em torno da temática referida à palavra geradora.

Tais desacertos, cuja inexistência, esta sim, nos teria surpreendido, considerando-se, sobretudo, o pouco tempo de prática e de formação teórica dos animadores, deveriam ir sendo superados através de seminários de avaliação permanente, coordenados pelos supervisores. Seminários em que estes, fundados na observação constante da prática dos animadores, fariam a avaliação, com eles, dessa prática, reforçando os acertos e procurando sobrepassar os erros.

É interessante salientar, também, a imaginação criadora que nos foi possível observar entre alguns animadores. Um deles, por exemplo, chega ao local do Círculo de Cultura, cumprimenta os camaradas alfabetizandos e começa, em seguida, a varrer, com uma vassoura rústica, a sala toda. Pacientemente, fazia que sua vassoura passeasse de um canto a outro. Às vezes, detinha-se, curvava-se para olhar sob os bancos em que, sentados, os alfabetizandos começavam já a revelar sinais de inquietação. Não podiam compreender a razão de ser do comportamento do animador, a insistência com que ia e vinha com sua vassoura, limpando o que lhes parecia já limpo. Em certo momento, um deles, expressando o estado de espírito dos demais, disse: "Camarada, quando começamos a nossa 'aula'?"

"A 'aula' começou desde que cheguei", respondeu o animador, perguntando em seguida: "Que fiz eu até agora?"

"A limpeza da sala", disseram.

Dirigindo-se, então, ao quadro-negro improvisado, escreveu, lentamente, o animador, a palavra "limpeza" e disse: "Exatamente, limpeza é a palavra geradora que estudaremos hoje."

Na verdade, o educador é um político e um artista, que se serve da ciência e das técnicas, jamais um técnico friamente neutro.

Se a nossa atitude, ao visitar os Círculos de Cultura, tivesse sido uma das duas anteriormente referidas — a das euforias fáceis diante dos acertos ou a dos negativismos em face dos erros e dos equívocos —, teríamos, na primeira hipótese, idealizado o que vimos, na segunda, decretado a invalidade da experiência. Em ambas, seríamos nós os redondamente em erro.

No que diz respeito às poucas experiências na área civil, isto é, nos bairros populares de Bissau, a situação era completamente diferente, mas, ao mesmo tempo, compreensível. Uma coisa é trabalhar no seio das FARP, com militantes forjados na luta de libertação, claros com relação ao que significa o empenho de reconstrução nacional, como continuação daquela luta, e outra é trabalhar em bairros populares de Bissau, intocados, de maneira direta, pela guerra, e fortemente marcados pela ideologia colonialista, como tentei esclarecer em uma das cartas que compõem este livro.

Assim, enquanto que, no momento da primeira visita, havia 82 Círculos de Cultura funcionando nos quartéis de Bissau, nos bairros populares da cidade tudo estava por fazer ou refazer.

O que ambas as experiências — a que se dava no seio das FARP e a que se buscava desenvolver nos bairros populares — sublinhavam era a necessidade do estabelecimento de uma política de prioridades para o Programa de alfabetização de adultos. Programa que, embora nacional em seus objetivos, partisse de certas áreas e setores determinados, cujos critérios de escolha deveriam ser bem definidos. Para que a alfabetização pudesse cumprir o seu principal objetivo — o de, inserida no esforço de reconstrução nacional, contribuir, efetivamente, para este esforço —, era necessário que se encontrasse em dinâmica relação com outras formas básicas de intervenção social, capazes de inscrevê-la como uma necessidade. A alfabetização de adultos, como a educação em geral, não pode superpor-se à prática social que se dá numa certa sociedade, mas, ao contrário, deve emergir desta prática, enquanto uma de suas dimensões.

Não teria sentido — e disto estava bastante consciente o comissário de Educação, Mário Cabral — transformar-se o nascente Programa Nacional de Alfabetização de Adultos, na Guiné-Bissau, em mais uma campanha, nos moldes tradicionais que todos conhecemos, em que, à alfabetização, idealizada, por ingenuidade ou astúcia, se empresta uma força que ela não tem. A questão fundamental que se colocava, pois, não era a de se fazer a alfabetização de adultos por ela mesma ou a de fazê-la como se fosse ela, em si, um instrumento de transformação da realidade, mas a de pô-la a serviço, reinsista-se, da reconstrução nacional.

Desta forma, os projetos de alfabetização de adultos, no campo civil, deveriam concretizar-se, de um lado, naquelas áreas em que, de acordo com a política do Partido, realizada pelo Governo, certas alterações nas relações sociais de produção estivessem verificando-se ou por verificar-se, a curto prazo; de outro, no interior de órgãos da administração do Estado — hospitais, correios e telégrafos, oficinas de obras públicas etc. — cujos servidores tivessem, na alfabetização, a introdução a outros conhecimentos, necessários ao cumprimento das novas tarefas impostas pela reconstrução nacional.[12] Daí a necessidade, sublinhada pelo comissário Mário Cabral, de uma estreita relação entre seu Comissariado e o de Planejamento, o de Agricultura, o de Saúde. Necessidade de estreita relação, igualmente, entre o Comissariado de Educação e as organizações de massa do Partido, como a Juventude Africana Amílcar Cabral — JAAC —, cujos militantes poderiam dar, como o fazem agora, uma importante contribuição aos projetos de alfabetização.

(D) Ainda no primeiro momento de nossa visita, entramos em contato, em Bissau, com o Comissariado Político das

[12] Se esse problema começou a ser discutido na etapa a que me refiro, a de nossa primeira estada na Guiné-Bissau, foi, porém, na segunda visita, em fevereiro deste ano, que veio a definir-se claramente.

FARP, a que já fiz referência, com o Comissariado de Informação, com o de Agricultura, com o de Saúde, com a JAAC, àquela época em fase de reestruturação, e fomos recebidos, em visita mais de trabalho do que protocolar, pelo camarada Francisco Mendes, comissário principal, e pelo presidente do Conselho de Estado, camarada Luiz Cabral.

Quanto ao Comissariado de Informação, cujo papel no processo de reconstrução nacional é indiscutível, sobretudo na medida em que a informação, não se reduzindo a uma pura transmissão ou transferência de mensagens se vá tornando, como é o caso da Guiné-Bissau, formação e comunicação, interessava-nos ver os tipos de ajuda que poderia oferecer ao futuro programa de alfabetização. Programa cuja eficiência demandaria, constantemente, esforços de mobilização e de participação popular que poderiam ter, na rádio e no jornal, eficientes meios de ajuda.

Das conversações mantidas, por outro lado, com os responsáveis pela Saúde e pela Agricultura, menos prolongadas, como era natural, do que as que tivemos com as equipes do Comissariado de Educação, dois aspectos fundamentais se ressaltaram, em vista das relações necessárias entre alfabetização, produção e saúde. De um lado, a política de saúde, privilegiando a medicina preventiva, em cuja prática a educação sanitária ocupa papel destacado; de outro, a preocupação do Comissariado de Agricultura com o estímulo à formação de cooperativas e de fazendas do Estado, em que o trabalho baseado na ajuda mútua seria importante e com a diversificação da cultura. Medidas, em última análise, indispensáveis ao desenvolvimento do país.

A questão, portanto, que se colocava ao Comissariado de Educação, como lucidamente anotava Mário Cabral, seria a de estar presente, através de projetos de alfabetização de adultos, a toda iniciativa do Comissariado de Agricultura, no domínio das cooperativas de produção e no das fazendas do Estado e a de incluir, nos programas de alfabetização, aspectos ligados à medicina preventiva, de acordo com o Comissariado de Saúde.

Servindo-se desta ou daquela experiência no campo de uma cooperativa de produção, os militantes, envolvidos nos projetos de alfabetização, como animadores, deveriam estar atentos a como relacionar tais experiências com a alfabetização. Simultaneamente com o aprendizado da escrita e da leitura, os alfabetizandos deveriam ser convidados a pensar sua prática e as finalidades que a motivam no combate, por exemplo, aos mosquitos, na luta contra a malária, ou chamados ao debate em torno das vantagens do trabalho baseado na ajuda mútua sobre o trabalho de caráter individualista, na criação da cooperativa.

Seria do mais alto proveito, por outro lado, se se pudesse preparar material visual, inicialmente sobre experiências realizadas em outros países da África, com a análise das quais se sobrepassariam os limites geográficos da área e do próprio país e se iria ganhando uma visão mais ampla da realidade.

Debater a prática do combate ao mosquito numa área rural da Guiné-Bissau e depois discutir a mesma prática numa comunidade camponesa de Moçambique, da Tanzânia ou de São Tomé e Príncipe significa possibilitar a análise de um sem-número de problemas ligados a esses países.

(E) O segundo momento de nossa primeira estada na Guiné-Bissau foi dedicado a rápidas visitas a algumas das antigas zonas libertadas. Zonas em que o PAIGC realizara, como salientei anteriormente, experiências de alta importância, no domínio da educação, da saúde, da justiça, da produção, da distribuição, com os "armazéns do povo" que, depois da independência total do país, "no espaço de um ano chegaram a controlar todo o seu comércio".[13]

Embora, em parte, sacrificadas pelo mau tempo, as visitas nos facilitaram importantes contactos com comissários políticos locais, que nos falavam de sua militância junto ao povo e com ele; alguns, de suas experiências durante a luta, do aprendizado que ela implica, não apenas para sobreviver durante ela e vencer o inimigo, mas também para a outra luta, a da reconstrução nacional. Contactos com técnicos nacionais e estrangeiros, com professores primários que participavam, num dos centros em que estivemos, do primeiro seminário de formação em torno da Pedagogia de Freinet.

Só, porém, a partir da segunda visita ao país, em fevereiro deste ano, é que nos seria possível começar a ir aprofundando a visão das zonas interioranas, não apenas percorrendo áreas cultivadas, mas também conversando com alunos e populações camponesas.

De qualquer modo, contudo, gostaria de fixar, aqui, pelo menos um aspecto que a mim me tocou naquelas visitas: a conversa que tivemos Elza e eu com um jovem diretor de um

[13] Discurso pronunciado pelo presidente do Conselho de Estado, Luiz Cabral, na abertura da segunda sessão da primeira legislatura da Assembleia Nacional Popular, em 22 de abril de 1976, em Bissau.

internato. Falava manso, calmo, objetivamente. Contava pedaços da história de que participara como fazedor e revelava como vinha igualmente por ela sendo feito. Sem retórica, sem adjetivos veementes, mas sem frieza e profundamente humano, ia nos dizendo do trabalho educativo do internato, na zona libertada. Ia nos falando de como a escola e a comunidade se integravam no esforço comum de sustentar a luta e, sentindo-se e sabendo-se igualmente pela luta sustentadas, se davam à tarefa apontada pelo PAIGC, a de vencer, a de expulsar o invasor, a de libertar o país. Referia-se a Amílcar Cabral não com uma saudade sentimental, nem, por outro lado, também, como se ele fosse um mito a ser cultuado, mas como um símbolo, uma "presença" marcante na história de seu povo.

Não foi preciso que nos falasse de símbolo ou de presença marcante para que eu soubesse que era assim que ele entendia Cabral. E esta compreensão, que é geral na Guiné-Bissau e em Cabo Verde, é o resultado da autenticidade do testemunho do grande líder, da maneira como intensamente se experimentou na comunhão com seu povo, sem a qual não poderia ter feito o que fez nem ter sido o que foi e continua a estar sendo. Ninguém é ou continua a estar sendo sozinho. Muito antes de ter sido considerado como "Pai da Nacionalidade", Cabral se fez "Filho do Povo", com ele aprendendo e a ele ensinando, na prática revolucionária.[14]

[14] É significativo, a esse respeito, o que disse outro militante, num momento dramático, o do assassinato de Amílcar Cabral pelos colonialistas, e que nos foi referido pelo presidente Luiz Cabral: "Eu não choro o camarada Cabral", disse o militante diante de seu corpo tombado. "O camarada Cabral não morreu. Quem fala agora não sou eu, mas ele, através de mim. O camarada Cabral vai continuar a falar através do povo, chamando-nos para a luta, para a vitória contra o opressor."

Enquanto o jovem militante nos ia falando, a Elza e a mim, da experiência do internato, dos alunos e professores trabalhando juntos, aprendendo juntos, inclusive a como defender-se dos bombardeios cruéis dos inimigos, ia ficando cada vez mais claro o papel que aquela experiência toda teria a jogar, como de fato está jogando, hoje, na luta pela reconstrução nacional. O seu papel na superação do sistema educacional herdado dos colonizadores.

Durante todo o tempo em que estivemos juntos, amparados contra a chuva forte que caía, no terraço estreito de uma pequena casa, ouvíamos mais do que falávamos. De vez em quando, uma pergunta, apenas, com que possibilitávamos o jovem educador a esclarecer melhor um ponto, a recordar um outro.

"Tínhamos sempre", disse ele, "em dado momento, não muito longe do local dos internatos, sítios seguros, dentro do mato, onde, no caso de bombardeios, pudéssemos abrigar as crianças e os adultos que viviam em torno. Ainda bem não se começava a perceber o barulho dos aviões, já todos, rapidamente, quase instintivamente, se organizavam para abandonar a área. Cada um sabia o que devia fazer e fazia, naquelas ocasiões. Certa vez, continuou, ao regressarmos do esconderijo, após um bombardeio, encontramos, no pátio do internato, três camaradas nossas, duas já mortas, a terceira morrendo, as barrigas abertas. Junto a elas, três fetos varados por baioneta."

Não lhe perguntei como tinham chegado à zona libertada os autores daquele crime. Não quis saber se haviam vindo no avião, que depois do bombardeio tivesse descido em um campo qualquer ou se teriam sido soldados de uma patrulha avançada do exército colonialista. Nada disto me interessou naquele instante. Perguntei apenas, mãos crispadas, o que faziam quando conseguiam aprisionar assassinos tão perversos.

Tenho a impressão de que o jovem militante percebeu, na tonalidade de minha voz, nas minhas mãos crispadas, na minha face, em mim todo; no olhar de Elza, no seu silêncio que gritava, a revolta imensa que nos assaltava.

Com voz sempre mansa e calmo, sua resposta foi um ensinamento. "Gente ruim como essa", disse ele, "quando pega, era punida, de acordo com o tribunal popular. A revolução pune, mas não tortura. O camarada Cabral falava sempre do respeito que se devia ter ao inimigo. Era uma palavra de ordem do nosso Partido, do PAIGC."

Aí está uma diferença radical entre a violência dos opressores e a violência dos oprimidos. A daqueles é exercida para preservar a violência, implícita na exploração, na dominação. A dos últimos, para suprimir a violência, através da transformação revolucionária da realidade que a possibilita.

A maturidade política revelada por aquele militante e que a luta pela libertação como "fato cultural e fator de cultura" provoca, é uma constante na Guiné-Bissau, com exceção de alguns setores da população de certas áreas menos tocadas pela luta mesma. Na Guiné-Bissau se fala da luta sem tiradas oratórias, sem exuberâncias. Fala-se do que ela ensinou, do que ela exigiu, do que continua a ensinar, a exigir, enquanto processo permanente. Do engajamento que ela implica, da vigilância que ela demanda.

Na verdade, essa simplicidade e essa ausência de triunfalismo revelam, de um lado, um bem enraizado sentimento de segurança; de outro, uma verdadeira humildade que, por isso mesmo, jamais se alonga em falsa modéstia. Segurança e humildade que foram aprendidas na luta difícil, na superação dos obstáculos, na vitória sobre o inimigo. Por isso é que, envolta nelas, o que se percebe é a firme decisão do povo e de sua vanguarda, o PAIGC, no sentido de concretizarem o sonho possível que perseguem desde o começo da luta — o de re-inventarem sua sociedade, banindo a exploração de uns por outros e superando as injustiças.

Discretamente, com pudor revolucionário e, em coerência com este pudor, absolutamente consciente do papel histórico de seu povo, é que aquele jovem militante falou a Elza e a mim da prática em que se re-fez e da em que continuava a re-fazer-se, junto com seus camaradas, da alegria de haver participado da dureza da luta, da alegria de estar participando da reconstrução de seu país.

Na volta a Bissau, olhando pela janela do helicóptero, dirigido por pilotos soviéticos, junto aos quais dois jovens nacionais continuavam sua aprendizagem, via, lá embaixo, as frondes das árvores queimadas de napalm.

Olhava atentamente, curiosamente. Nenhum animal. Uma ou outra ave maior voava calmamente. Lembrava-me do que nos dissera o presidente Luiz Cabral, em nosso primeiro encontro, quando nos falava de diferentes instantes e aspectos da luta, com a mesma sobriedade com que o jovem diretor do internato conversara com Elza e comigo. "Houve um momento", disse o presidente, "em que os animais da Guiné 'pediram asilo' aos países vizinhos. Somente os saguins permaneceram, refugiando-se nas zonas libertadas. Tinham horror aos 'tugas'. Depois, coitados, passaram a temer-nos. É que nos vimos forçados a começar a comê-los. Espero que, em breve, os nossos animais retornem", concluiu o presidente, "convencidos de que já não há guerra."

Da janela do helicóptero olhava atentamente, curiosamente. Não havia ainda, pelo menos naquelas bandas do país, indícios daquele retorno...

(F) Já em Bissau, enquanto nos preparávamos, em equipe, para a última fase de nossa visita, houve um fato que nos marcou profundamente e que tem que ver com muitas das considerações feitas nesta introdução. Sobre ele, desde então, tenho falado sempre em seminários e não gostaria, agora, de silenciá-lo.

Manhã quente de setembro. Asfixiante, quase. Comemorava-se a independência do país.

Uma grande praça. No fundo, o palanque em que se achavam as autoridades nacionais, o corpo diplomático, convidados e delegações de países amigos.

Grupos variados desfilam. Representam organizações populares de Tabancas e bairros de Bissau. Crianças, jovens, mulheres, homens coloridamente vestidos. Cantam e bailam. Movem-se. Vão e vêm, curvando-se e recurvando-se, numa riqueza extraordinária de ritmos. A multidão toda, ao longo da avenida que desembocava na praça, participava, ativamente, do desfile. Não estava ali apenas para olhar e escutar, mas para expressar, conscientemente, a alegria de poder estar ali, como um povo que conquistara o direito de ser.

A multidão cantava também, movia-se também. Não se tratava de um "espetáculo folclórico" a que uns poucos, a distância, assistissem. Era uma festa do povo, que vivia o seu dia maior.

Após o desfile, encerrado com a apresentação de unidades das FARP, o presidente Luiz Cabral começou então o seu discurso.

Exatamente em frente ao local do palanque em que se achava o presidente, um grupo da banda militar, perfilado. Em certo momento, um dos soldados da banda, como se estivesse caindo sobre si mesmo, desfalece. O presidente para o seu discurso. Olha fixo o militante que está sendo amparado por seus camaradas. A multidão percebe. Abre caminho a um carro que se aproxima e em que o soldado é conduzido ao hospital. O presidente acompanha com o olhar o carro que parte e logo desaparece. Só então volta a falar.

A meu lado, em voz baixa, disse Elza: "Este foi o momento mais bonito de nossa visita a este país. Temos realmente muito o que aprender de um povo que vive tão intensamente a unidade entre a palavra e o gesto. O indivíduo aqui vale enquanto gente. A pessoa humana é algo concreto e não uma abstração."

O presidente prosseguia no seu discurso. Tudo nele era autêntico. Sua palavra ao povo, como seu gesto coerente com sua palavra, diante do fato que ocorrera. Alguns segundos, apenas, envolveram aquele fato. Muitos anos de luta o explicam. Não era aquela, por certo, a primeira vez em que o militante Luiz Cabral expressava, não importa de que forma, a sua solidariedade a um companheiro em dificuldade. Muito antes que o presidente Luiz Cabral parasse o seu discurso e, preocupadamente, acompanhasse com os olhos o camarada desfalecido naquela manhã quente de setembro, o militante Luiz Cabral se teria detido, vezes inúmeras, para atender a um companheiro tombado na luta comum de libertação de seu povo.

Fatos como este, cuja significação mais profunda é indiscutível, não são, na Guiné-Bissau, acontecimentos isolados ou extraordinários. Constituem a maneira de estar sendo de seu povo. De estranhar seria que o presidente, "distante e frio", tivesse continuado o seu discurso enquanto seu camarada das FARP se sentia mal.

O que me parece fundamental — e sem pretender idealizar a revolução guineense, pois que ela vem sendo feita por homens e mulheres e não por anjos — é que valores que se vieram encarnando na dureza da luta, em que o PAIGC se forjou como vanguarda revolucionária do povo, continuam de pé. E quanto mais consciente esteja esta vanguarda em torno da necessidade de preservar sua comunhão com o povo, em cujo seio selou a sua própria condição de vanguarda, tanto mais a revolução será defendida das ameaças de distorção. Assim, um dos grandes desafios que esta vanguarda vem se fazendo a si mesma, em coerência com o pensamento de Amílcar Cabral[15] na medida em que mais e mais busca preservar e desenrolar aquela comunhão com as classes trabalhadoras, é o de aprofundar o "suicídio de classe", iniciado há muito na luta de libertação. É que, se este "suicídio" se "perde", assiste-se ao surgimento de uma "burguesia burocrática" no poder, distanciada das classes trabalhadoras mesmo que até em seu nome falando.

[15] Amílcar Cabral, "Sur la Petite Bourgeoisie", in *L'arme de la théorie*. Paris: Maspéro, 1975, p. 301-3.

Terceiro momento

(G) Afirmei, no começo desta introdução, que o nosso plano de trabalho para a primeira visita à Guiné-Bissau, em Genebra simplesmente esboçado em suas linhas gerais, na verdade elaborado em Bissau com os nacionais, tinha dividido o nosso tempo no país em três momentos básicos, jamais separados entre si. Os dois primeiros, que procurei caracterizar como sendo os em que buscávamos ver e ouvir, indagar e discutir, foram momentos de análise, em que, necessariamente, o último se gerava — o da síntese. Na verdade, esta vinha se fazendo a cada passo, no momento mesmo da análise, de que não pode dicotomizar-se. E por esta razão que muito do terceiro momento de nossa visita já foi dito na descrição, de resto precária, que tentei das etapas anteriores, as de análise. Durante estas, tomando tanto quanto possível a realidade do país, enquanto totalidade, como objeto de nossa curiosidade, procuramos cindi-la em suas partes para melhor conhecê-la.

No momento da síntese, gerando-se, como disse antes, na própria análise, o esforço seria o da retotalização da totalidade cindida. No fundo, os dois momentos se integram num dinâmico movimento que vai da cisão do objeto à sua retotalização.

Em última instância, nos dois primeiros momentos, tomávamos a realidade como uma "codificação" que procurávamos descodificar, ora com os diferentes grupos nacionais, ora entre nós, enquanto equipe visitante, em nossas reuniões de avaliação do trabalho em andamento. Nesta última hipótese, realizávamos, às vezes, uma dupla tarefa. Em certas ocasiões, tomávamos a realidade mesma como objeto de nossa análise tentando "lê-la" criticamente; em outras, era o próprio esforço anterior de análise da realidade feito com as equipes nacionais o que nos propúnhamos como objeto de nossa reflexão. Desta forma, analisávamos a análise anterior, reconhecendo, assim, em termos críticos, a maneira como havíamos percebido a mesma realidade, objeto de nossa curiosidade.

Naturalmente, enquanto participantes do mesmo processo de descodificação da realidade, em diálogo com as equipes nacionais, não poderíamos, de um lado, ser meros espectadores silenciosos; de outro, ser sujeitos exclusivos do ato de descodificar. Teria sido tão contraditório com os princípios que motivaram a nossa ida à Guiné-Bissau pretendermos ser os exclusivos sujeitos da descodificação da realidade quanto encarnar o papel de recipientes da descodificação, feita, no caso, pelas equipes nacionais, para, no último momento, o da síntese, quase misteriosamente, fazer o nosso discurso. Uma espécie de discurso zelosamente guardado. De discurso surpresa.

Na verdade, nos achávamos envolvidos, com as equipes nacionais, num ato de conhecimento, no qual, tanto quanto elas, devíamos assumir o papel de sujeitos cognoscentes. O diálogo entre nós e as equipes nacionais, mediados pela realidade que buscávamos conhecer, era o selo daquele ato de conhecimento. Seria conhecendo e reconhecendo juntos que poderíamos começar a aprender e a ensinar juntos também.

Sublinho este ponto, não apenas como algo que deveria ser referido na sequência desta introdução, mas também para, uma vez mais, aclarar a minha posição, nem sempre bem compreendida, em face dele, isto é, do diálogo como selo do ato de conhecimento, bem como do papel dos sujeitos cognoscentes neste ato.

Foi, porém, no primeiro momento de nossa visita, principalmente nos encontros de estudo com Mário Cabral e suas equipes do Comissariado de Educação, que fomos debatendo e aprofundando uma rica temática a que sempre temos voltado em nossas sucessivas idas ao país. Temática referida, às vezes, de maneira mais ou menos ampla na primeira parte deste trabalho e que, por isso mesmo, prescinde de ser agora mencionada.

Dividindo o terceiro momento de nossa presença na Guiné-Bissau em duas partes, reservamos a primeira para, com Mário Cabral e seus auxiliares, realizarmos a recapitulação do esforço anterior, feito em comum, de análise da realidade — o da descodificação que dela fizéramos.

A recapitulação que nos coube a nós iniciar implicava que tornássemos clara a "leitura" que fazíamos da realidade nacional. Nossa "leitura", por sua vez, se punha às equipes do Comissariado de Educação como um novo desafio a que deveriam responder, aceitando-a ou recusando-a, totalmente ou em parte, melhorando-a, aprofundando-a. Na síntese se voltava, assim, à análise, para alcançar uma nova síntese.

Finalmente, na segunda parte do último momento de nossa estada na Guiné-Bissau, baseados no que víramos e no que ouvíramos, nas respostas ao que indagáramos e nos achados feitos em torno do que discutíramos, no aprendizado direto que fizéramos do país, na compreensão comum sobre o papel da educação em geral e da alfabetização em particular no empenho de reconstrução nacional, nos dedicamos, mais uma vez em diálogo com os nacionais, a estabelecer os princípios de nossa contribuição, cuja continuidade nos foi solicitada pelo comissário Mário Cabral, em nome do Governo e com a concordância do Partido.

Em síntese, o projeto elaborado em comum previa, como era natural, atividades a serem realizadas por nós em Genebra e outras na Guiné-Bissau.

Assim, três visitas foram acertadas para o ano em curso — todas cumpridas — e aceita igualmente a proposta para a fixação em Bissau, sem ônus para o Governo, de um membro da equipe do IDAC, que trabalharia, como de fato o vem fazendo desde fevereiro deste ano, a tempo integral, junto à Comissão Coordenadora dos Trabalhos de Alfabetização de Adultos. Comissão criada, na mesma reunião de síntese, pelo comissário Cabral.

Em nossas futuras visitas, deveríamos, fundamentalmente, em diálogo com a Comissão Coordenadora e servindo-nos dos relatórios a serem recebidos nos intervalos das idas ao país, fazer a avaliação da prática realizando-se no campo da alfabetização de adultos, em cujo processo continuaríamos aprofundando alguns dos aspectos centrais que haviam sido discutidos na primeira visita.

O método de trabalho para as subsequentes idas ao país deveria ser substancialmente o mesmo adotado na primeira. Um momento de análise, no sentido dinâmico a que antes me referi, e um momento de síntese, de que resultaria a necessidade de nova análise.

Em Genebra, continuaríamos, em equipe, aprofundando a compreensão da problemática educativa do país, particularmente no campo da alfabetização de adultos, na perspectiva global sobre que venho insistindo neste texto. Por outro lado, ainda em Genebra, ora elaboraríamos materiais didáticos que nos fossem solicitados e que, remetidos a Bissau, seriam provados pela Comissão Coordenadora, antes de generalizado seu uso, ora daríamos a nossa opinião em torno de outros materiais que, realizados em Bissau, fossem submetidos à nossa apreciação.

Desta forma, nasceu o projeto que põe juntos, hoje, de um lado, o Comissariado de Educação da Guiné-Bissau, de outro, a Commission on Churches, Participation in Development, que o financia, o Instituto de Ação Cultural e o Departamento de Educação do Conselho Mundial de Igrejas.

Há um ano que, sempre em diálogo com os nacionais, prestamos a mínima contribuição que podemos, e de que vem resultando um aprendizado comum que nos enriquece a todos.

Segunda parte

(A) Esta introdução ficaria demasiado incompleta, mais do que vem sendo, se, agora, não me alongasse um pouco mais em comentários em torno, pelo menos, de algumas das principais atividades que se desenvolveram de setembro do ano passado para cá.

O primeiro destes comentários incide sobre as modificações que vêm sendo e que serão introduzidas no sistema educacional do país, modificações que se acrescentam às que fiz referência na primeira parte desta introdução e com as quais o comissário de Educação, fiel aos objetivos do Partido e à orientação do Governo, prepara a radical transformação do sistema herdado dos colonizadores.

Começo por comentar estas modificações pela repercussão que necessariamente têm sobre os trabalhos de educação de adultos que não podem, como sublinhei no início deste texto, estar sequer indiferentes à proposta educativa, contida no sistema regular de ensino do país.

A oposição entre um esforço no setor da educação informal de adultos e o sistema educacional de uma dada sociedade se dá quando aquele esforço, em antagonismo com o sistema global da sociedade, é um instrumento de que um movimento ou um Partido revolucionário se servem para, taticamente, organizar as classes dominadas no sentido da chegada ao poder. No caso da Guiné-Bissau, que não é este, o importante é a harmonia entre o que se pretende com a educação de adultos e o que se busca realizar com o sistema regular de ensino do país.

Ao tocar neste ponto, isto é, nas modificações que estão sendo e que serão introduzidas no sistema de educação da Guiné-Bissau, estarei baseando-me não apenas no que tenho ouvido diretamente do comissário Mário Cabral, em nossas reuniões de trabalho em Bissau, quando nos tem falado, cada vez mais lucidamente, de como vem, com seus auxiliares, enfrentando a transformação da educação no país, mas também em recente entrevista que deu ao *Nô Pintcha*, jornal de Bissau. Entrevista de que citarei um ou outro trecho.

Tomando a educação não como algo em si, mas como expressão supraestrutural, em suas relações dialéticas e não mecânicas com a infraestrutura da sociedade, é que o Comissariado de Educação vem introduzindo tais modificações no sistema educacional herdado e de que vai resultando a constituição do novo.

Por outro lado e coerentemente com esta visão, percebe-se a preocupação com superar a concepção e a prática da educação segundo as quais cada "província" do sistema educacional, descurando a real formação dos educandos, nela experimentando-se, se faz um simples momento, alienado e alienante, de preparação para o seguinte.

O projeto em que o comissário de Educação da Guiné-Bissau se engaja, projeto realista, em consonância com a realidade do país, reconhecendo embora as relações entre seus diferentes níveis, prevê, pelo contrário, que, em cada um, a tarefa formadora se realiza ao máximo. Assim, as relações que possam existir entre o ensino básico e o ensino geral polivalente ou o médio politécnico não são relações que reduzam o primeiro a um "corredor" por onde uns poucos passem com o objetivo, apenas, de alcançar os seguintes que, por sua vez, os conduzissem à "paisagem" seleta da universidade.

"O nosso ensino", diz Mário Cabral, "será dividido em três níveis. Ensino básico, de seis anos, com dois ciclos: um de quatro, o outro de dois anos. Ensino polivalente, de três anos. Ensino médio politécnico, que, variando de acordo com as próprias exigências da formação média, terá uma duração nunca inferior a dois ou três anos."

O ensino básico, de seis anos, com dois ciclos, e que se pretende universalizar em função das possibilidades do Partido e do Estado, se propõe uma formação fundamental, indispensável à participação consciente de qualquer cidadão ou cidadã na criação e no desenvolvimento da nova sociedade.

Não se trata, pois, de um ensino que se dá numa escola que simplesmente prepara os educandos para outra escola, mas de uma educação real, cujo conteúdo se acha em dialética relação com as necessidades do país. O ato de conhecimento posto em prática por uma tal educação se dá na unidade da prática e da teoria, por isso mesmo não pode prescindir, cada vez mais, de ter no trabalho dos educandos e dos educadores sua fonte.

Os valores que esta educação persegue se esvaziam se não se encarnam e só se encarnam se são postos em prática. Daí que, desde o primeiro ciclo deste nível de ensino, o de quatro anos, participando de experiências em comum, em que se estimula a solidariedade social e não o individualismo, o trabalho baseado na ajuda mútua, a criatividade, a unidade entre o trabalho manual e o trabalho intelectual, a expressividade, os educandos irão criando novas formas de comportamento de acordo com a responsabilidade que devem ter diante da comunidade.

No segundo ciclo do ensino básico, o de dois anos, envolvidos no mesmo ato de conhecimento em que se experimentaram no primeiro, trabalhando sempre em comum e em comum buscando, os educandos não apenas alargam as áreas de seus conhecimentos, mas aprofundam aqueles em cujo processo, tanto quanto os educadores, assumem o papel de sujeitos.

Na verdade, não seria realizável uma educação voltada para a concretização de valores como a solidariedade, a responsabilidade social, a criatividade, a disciplina a serviço do interesse comum, a vigilância, o espírito crítico, valores em que se forjou o PAIGC, em todo o processo da luta de libertação, se nesta educação os educandos continuassem a ser, como na educação colonial, meros recipientes de "conhecimentos empacotados", a eles transferidos pelos educadores. Puros objetos, incidências da ação "educativa" dos educadores.

Identificada, reinsista-se, com a realidade do país, esta é, por outro lado, uma educação que não poderia deixar de centrar-se no rural.

"Sabemos", diz Mário Cabral, "que 90% de nossa população, ou um pouco mais, são camponeses. O ensino que vamos organizar vai levar este fato em consideração e será, portanto, dirigido para o campo. O aluno, através dele, deverá poder participar, como sujeito", enfatiza Cabral, "das transformações necessárias de sua comunidade".

Mais adiante, referindo-se, sem dúvida, à necessidade de ampliação das áreas de conhecimento no segundo ciclo do ensino básico, em relação ao primeiro, continua Mário Cabral: "Desde logo, podemos dizer que vamos introduzir neste ciclo noções básicas de física e de química para a compreensão dos processos da natureza e a biologia no lugar das chamadas ciências naturais." Refere-se ainda ao estudo da história, indispensável à formação militante e que será "englobado no que chamamos de ciências sociais", diz ele.

"Com as cadeiras que vamos introduzir neste nível, incluída a geografia — e com a orientação a ser dada no estudo das mesmas, acrescentaria eu —, qualquer aluno que saia do curso poderá ter os conhecimentos que lhe servirão para ser um agricultor, um mecânico ou um enfermeiro progressista."

Com o segundo nível, o do ensino geral polivalente, ao mesmo tempo que se busca responder, pela capacitação de quadros, a diferentes necessidades do país, se oferece também aos jovens a possibilidade de opções neste ou naquele setor. Sua formação científica se intensifica, lado a lado com sua formação geral, integral, de que o engajamento militante e a responsabilidade social, vividos num quefazer permanentemente dando-se à reflexão crítica, são indispensáveis. "Mas, sobretudo, declara o comissário, serão desenvolvidas atividades práticas que variarão de acordo com as características da região onde se situe a escola. Não poderemos prescindir de noções de carpintaria, de eletricidade, de agricultura, incorporadas pelos educandos através da prática."

O projeto prevê, ainda, a criação de escolas profissionais, em que a especialidade, porém, jamais se distorce em especialismo. "Escolas de formação de professores para o primeiro ciclo do ensino básico, de auxiliares de enfermagem, de práticos agrícolas, de carpinteiros, de serralheiros, tudo de acordo com as necessidades do país." Escolas que deverão estar ligadas também aos Comissariados diretamente interessados pela formação que nelas se realizará e não apenas ao de educação.

Com o ensino médio politécnico, através de uma série de institutos, em consonância com as necessidades do momento, se pretende continuar, aprofundar e diversificar, mais ainda, a formação realizada nos anteriores.

O objetivo principal é o da formação de técnicos médios, em diferentes campos, indispensáveis à transformação do país. Técnicos em cuja formação, porém, se evite sua desfiguração em tecnicistas, perdidamente alienados numa visão estreita e focalista de sua especialidade.

Entre os institutos previstos neste nível, se encontram o Instituto Técnico de Formação Profissional, o de Pedagogia, que será a escola de formação de professores primários e secundários, o de Enfermagem e o de Ciências Sociais.

Pensa-se, igualmente, na criação de um Instituto de Administração e Secretariado, bem como num outro de Ciências Agrárias, para a capacitação, este último, de técnicos no nível de regente agrícola.

Em todos esses institutos se irão formando jovens técnicos que, de acordo com as necessidades reais do país, poderão seguir cursos universitários no exterior. Muitos, porém, terão de continuar engajados diretamente no esforço de reconstrução nacional.

De qualquer maneira, a passagem de um desses institutos para uma universidade estrangeira demanda o cumprimento de certas exigências. "Apenas os que se revelarem mais competentes no trabalho, os mais comprometidos, os mais capazes, os mais devotados serão os indicados para tais cursos no exterior", afirma o comissário Mário Cabral.

Por outro lado, há critérios também, como não poderia deixar de haver, que regulam a passagem de um nível de ensino a outro. Do ensino básico ao geral polivalente, como deste ao Médio Politécnico. Os candidatos passarão de um a outro, "de acordo com as qualidades reveladas no nível anterior". Impõe-se a comprovação de sua seriedade nos estudos, a sua qualificação científica e técnica, em função do nível de onde vêm, bem como a comprovação de "suas qualidades morais e de militantes".

Um dos aspectos importantes deste projeto, a que já fiz referência, é o fato de que as relações entre os diferentes níveis de ensino não reduzem o sistema de educação que os contém a um "funil". Não são relações em que um nível "forma" ou prepara para o outro. Assim, o estudante que não ultrapasse o nível do ensino básico, mesmo que não tenha a oportunidade de ampliar seus conhecimentos de forma sistematizada, nem por isso terá deixado de tomar parte de uma experiência formadora fundamental, que lhe possibilita participar da reconstrução de seu país como um militante consciente.

A posta em prática de um tal projeto, que já começou em alguns de seus aspectos, exige um esforço indiscutível na formação de professores, capazes de multiplicar-se pela capacitação de outros. Eis o que diz Mário Cabral a esse respeito: "A formação de professores é uma das tarefas principais do Comissariado de Educação. Não faremos nada na formação de quadros para os diversos setores da reconstrução nacional, se não tivermos professores suficientes, do ponto de vista da quantidade e da qualidade. Já conseguimos fundos para a criação de um Instituto com este objetivo. Pensamos em situá-lo no centro do país, talvez em Mansabá."

A intenção do Comissariado é formar inicialmente 250 monitores que, após um ano de experiência no campo, participariam de seminários de reciclagem, fundados na avaliação de sua própria prática.

O instituto se preocupará com a formação de professores para os diferentes níveis de ensino, para a admissão de cujos candidatos há exigências diferentes em função do nível para o qual serão capacitados.

Assim, àqueles e àquelas que se formarão para o primeiro ciclo do básico se exige a sexta classe, como condição de ingresso. O tempo de duração de seu curso será de três anos. Aos que atuarão no segundo ciclo do Básico se exigirá a nona classe e seu curso, como o anterior, será igualmente de três anos.

Para o Geral Polivalente será requerida aos candidatos, como condição de ingresso, a décima primeira classe e seu curso será também de três anos.

"Podemos dizer", afirma Cabral, "que este instituto será um dos embriões da primeira universidade do país. Vamos ter ainda professores para a escola de formação de professores. Estes terão onze anos de escolaridade, a que se juntarão mais quatro de formação num Instituto de Pedagogia."

Creio, direi agora num quase parêntese, que não trairei o espírito do Comissariado de Educação da Guiné-Bissau afirmando que a importância, várias vezes ressaltada nestas páginas, que ele vem dando e pretende dar à gradual formação científica dos educandos, de que resulte cada vez mais uma compreensão crítica de sua realidade, ao atuar sobre ela, não tem nada que ver com uma posição cientificista. Posição que implicaria a mitificação da ciência e a distorção da razão. Da mesma forma, o seu reconhecimento das relações necessárias entre educação e produção, em que fundamenta aquela, não o faz resvalar para a mitificação da produção e, com a desta, a do consumo.

Tanto quanto venho aprendendo da experiência guineense, me parece que um dos aspectos básicos do sistema de educação constituindo se é o chamamento que vem fazendo aos educandos para, ao lado de sua indispensável formação científica e concomitantemente com ela, numa prática adequada, desenvolverem a solidariedade, a responsabilidade social, o gosto do trabalho livre, como fonte de conhecimento, na produção do socialmente necessário, a camaradagem autêntica e não a competição que o individualismo gera. E é entregando-se a esta tarefa que o Comissariado de Educação vem contribuindo para a formação do homem novo e da mulher nova.

"O objetivo real do novo sistema", afirma enfaticamente Mário Cabral, "é eliminar o que resta do sistema colonial para que possamos realizar os objetivos traçados pelo

PAIGC: criar um homem novo, um trabalhador consciente de suas responsabilidades históricas e da sua participação efetiva e criadora nas transformações sociais. Esperamos concretizar este desejo através do conhecimento cada vez mais real das necessidades concretas do país, da definição de nosso projeto de desenvolvimento e do próprio trabalho realizado a nível das instituições escolares, através de discussões nos órgãos coletivos. Discussões não só quanto a aspectos técnicos, mas também no que se refere às próprias necessidades da vida."

Mais adiante, porém, adverte, "todo o projeto de transformação do sistema nacional de ensino não nos conduzirá a nada, se realmente não houver transformações também nos outros setores de atividade".

"É possível", disse Mário Cabral na última reunião que tivemos em Bissau, em setembro deste ano, "que, em certos casos, a educação lance o desafio. É preciso, porém, que as transformações estruturais se façam, dando suporte ao desafio, para que a prática nele anunciada se concretize."

(B) Seguindo a prática normal na Guiné-Bissau — a das discussões abertas, estimuladas sempre pelo PAIGC e pelo Governo —, o comissário Mário Cabral, num grande comício recentemente realizado em Bissau e que reuniu estudantes e suas famílias, professores, funcionários da Educação e interessados em geral, fez o balanço das atividades do ano letivo que findou. Balanço no qual falou das tarefas principais do Comissariado para o próximo ano letivo, considerado o "Ano II de Organização".[16]

[16] Jornal *Nô Pintcha*. Guiné-Bissau: novembro de 1976.

Toda a primeira parte de seu discurso, claro e direto, se centra na análise das dificuldades e problemas que tiveram de enfrentar, a partir de outubro de 1974, quando o PAIGC, entrando em Bissau, assume o Governo de todo o país. A retirada, em massa, dos professores secundários, cuja maioria era composta de "militares que estavam aqui para oprimir o nosso povo, para obstaculizar o nosso avanço no sentido do progresso". A falta de experiência no comando de um Comissariado de Educação, na sua organização, nas tarefas de planejamento, de organização e reorganização curricular. O que fazer diante da herança do ensino colonial, que sabiam, porém, não poder transformar da noite para o dia. Daí a recusa, sublinha o comissário, à ideia de alguns de fechar, sistematicamente, todas as escolas. "Queriam que fechássemos as nossas escolas para reorganizar o Comissariado. Para podermos de fato fazer um ensino como deve ser, com qualidade e meios necessários. Isso era um sonho. Ainda hoje não estaríamos em condições de começar as nossas aulas porque não conseguimos ter, até agora, os meios de que um tal ensino precisa."

Refere-se aos acertos e aos erros cometidos, à dedicação de muitos, às falhas de alguns. Salientando o que representou o período de outubro de 1974 a setembro de 1975, como aprendizado para todos os que se deram às tarefas da educação, chama esse período de "Ano de Experiência", em que se constatou a necessidade de o que a este se seguiu ter sido o "Ano I de Organização".

Ao analisar as realizações do ano que findava, o "Ano I de Organização", criticando, mais uma vez, falhas que mereciam ser criticadas e não escondidas, mas ressaltando também os acertos e o espírito de militância da maioria de seus camaradas da Educação, disse não apenas das dificuldades, mas do esforço desenvolvido na estruturação do Comissariado. Dos resultados obtidos através dessa estruturação, com a criação, por exemplo, "de órgãos coletivos, como o Conselho Diretivo, o Conselho Técnico Docente e o Conselho Administrativo", órgãos que funcionaram dinamicamente e que possibilitaram discussões constantes em torno da realidade educativa do país.

O importante desses conselhos não está, obviamente, na sua existência em si mesma, na estrutura do Comissariado, pois que também existem em outros Ministérios de Educação. O importante é a prática neles desenvolvida, em coerência com os objetivos a que servem; o clima de busca, de diálogo, que os caracteriza.

A sua atividade "vem permitindo, de fato", diz Cabral, "avançar com o nosso trabalho".

Páginas atrás, falando do sistema educacional que se vem constituindo na Guiné-Bissau, a partir da prática sobre a qual se vem constantemente pensando, inclusive nos conselhos acima referidos, dizia, mais ou menos, que uma de suas preocupações centrais era a das relações entre a escola, qualquer que fosse o seu nível, e a realidade local, regional e nacional.

Creio que será interessante, mais uma vez, voltar a Mário Cabral, no seu discurso-relatório, que vem sendo citado e comentado nestas páginas. "Um dos objetivos principais da transformação de nosso ensino", diz ele, "é fazer a ligação da escola à vida — ligá-la à comunidade onde se encontra, à tabanca, ao bairro. Ligar a escola ao trabalho produtivo, em especial ao trabalho agrícola, aproximá-la das organizações de massas — JAAC, Pioneiros, sindicatos, Organização Feminina. Podemos dizer que esse trabalho foi realizado e, em várias regiões, de maneira bastante eficiente. Na região de Bafatá, por exemplo, em 106 escolas, 96 produziram nos seus campos agrícolas. Em Bissau, mesmo que não tenhamos conseguido os mesmos resultados, muito se fez também."

"Foi, porém", continua Mário Cabral, "na escola de Có, onde se alcançou o máximo de ligação entre escola e trabalho produtivo, entre escola e população local, com a integração desta a atividades culturais promovidas por aquela. Podemos considerar a escola de Có, realmente, como a primeira escola do país, durante este ano que termina."

Dedicarei, mais adiante, algumas páginas a esta escola ou, mais precisamente, ao Centro de Formação de Professores Máximo Gorki, pela importância que vem tendo, estou certo, na educação do país a que se junta, de modo especial, o suporte que vem dando ao esforço de alfabetização de adultos.

Sentimo-nos, particularmente Elza e eu, fortemente presos a este centro, o qual jamais deixamos de visitar em nossas idas à Guiné-Bissau. Visitas em que sempre nos impressionam a dedicação de seus professores e o otimismo crítico de que se acham infundidos no desempenho de suas tarefas.

Continuando a análise do depoimento do comissário com relação ainda às realizações no ano letivo 1975-76, gostaria de fixar os seguintes pontos por ele referidos: participação dos estudantes liceais de Bissau nas atividades produtivas; criação, na área do ensino primário, de um comitê do Partido, ao qual se vêm associando os professores, conseguindo realizar um interessante trabalho cultural, ao lado do desenvolvimento de uma necessária e correta militância, contribuição excepcional das crianças das escolas, ajudadas por seus professores, às comemorações do 20° aniversário do PAIGC, através de números de "ginástica massiva". Seminários em que os responsáveis das várias regiões educacionais do país, de um lado, debateram, em conjunto, suas dificuldades, trocando experiências em torno de como vêm procurando superá-las; de outro, aprofundaram sua capacitação, para, assim, capacitar e recapacitar seus camaradas. "Devemos dizer", afirma Cabral, "que foi ainda neste ano que conseguimos terminar a formação de trinta professores primários, que constituem maior número de quadros do que os colonialistas portugueses capacitaram em todos os quinhentos anos de dominação".

Este último dado fala, por si, das excelências do colonialismo...

A parte final de seu balanço Mário Cabral dedica às tarefas principais do Comissariado de Educação para o ano letivo 1976-77, que considera o Ano II de Organização. Três são estas tarefas. A primeira delas, a participação de todas as escolas no Terceiro Congresso do Partido. "Mas, camaradas, como vamos dar a nossa contribuição a este Congresso?", pergunta ele.

E interessante meditar sobre a resposta que o comissário dá à pergunta que faz. Não sugere nem muito menos determina, por exemplo, que se submetam os educandos do país a um exercício mecânico de memorização de alguns dos princípios que norteiam o PAIGC, de que resultassem "composições" mais ou menos padronizadas, em torno do Partido e de seu Congresso. Com um bom militante do Partido, que conhece os seus princípios porque na prática dos mesmos se vem formando de há muito, o comissário sabe muito bem que não seria este o caminho através do qual poderia o Comissariado de Educação motivar educandos e educadores a que dessem uma real contribuição ao Congresso do PAIGC. Não faz sugestões manhosas no sentido de uma filiação em massa ao Partido porque sabe, igualmente, que o PAIGC precisa de militantes conscientes e dedicados à causa do povo trabalhador e não de "sócios" que a ele cheguem oportunistamente.

Faz um apelo, ao contrário, a educadores e educandos para que, juntos, trabalhem, tanto quanto possam, no sentido de que se obtenham resultados ainda mais positivos do que os conseguidos no ano que terminava. A participação consciente em tal esforço seria uma das formas possíveis de, marcando o ano do Terceiro Congresso, contribuir para ele.

"A segunda tarefa a que nos daremos é a de organizar a campanha nacional de alfabetização", diz o comissário, comentando o que já fora feito e que precisava de ser estendido e aprofundado no próximo ano letivo. Neste sentido, refere-se aos trabalhos realizados em várias regiões do país através das "Brigadas" capacitadas e supervisionadas pela Comissão Coordenadora de Alfabetização.

"Fomos este ano às regiões. No próximo, necessitamos de uma participação ainda maior dos nossos estudantes, não só de Bissau, mas de outras áreas do país."

Na esfera da segunda tarefa apontada se encontra um projeto do Governo através do Comissariado de Educação para o próximo ano — o de um primeiro seminário a ser realizado em Bissau, de que participariam delegações coordenadas pelos ministros da Educação de Cabo Verde, São Tomé e Príncipe, Angola e Moçambique. Seminário em que se avaliaria a prática realizando-se em todos esses países, incluindo, obviamente, a Guiné-Bissau, no campo da educação em geral e no da alfabetização de adultos, em particular.

De uma tal reunião poderia resultar não apenas um rico aprendizado de todos nela envolvidos, mas também a intensificação da colaboração entre esses países que, não obstante as peculiaridades que têm, se encontram engajados numa mesma luta — a da reconstrução nacional.

A terceira tarefa diz respeito à ênfase a ser dada nas relações entre escola e trabalho produtivo, procurando-se, de um lado, melhorar essas relações, de outro, estendê-las ao máximo ao nível do país.

"O camarada Amílcar Cabral costumava dizer: 'sou um simples africano que quis pagar a sua dívida para com seu povo e viver sua época.' Que paguemos todas as nossas dívidas e vivamos a nossa época. Época de libertação total, de independência; que requer o nosso engajamento, também total, na superação do analfabetismo, no combate ao subdesenvolvimento — na reconstrução nacional", conclui o comissário.

Não sei se estarei sendo capaz, na redação desta introdução, com a qual espero não estar molestando demasiado os leitores e leitoras, realizar o que me propus com ela, desde o seu início — oferecer-lhe um quadro, que sempre soube jamais seria completo, do que vem se fazendo na Guiné-Bissau. Realizações, em sua totalidade, que nos interessam de perto, e de que muito temos aprendido, e para o desenvolvimento de algumas das quais temos dado um mínimo de nossa contribuição de maneira militante e não estritamente profissional.

A riqueza da experiência guineense, em seu conjunto, é tal que, falar dela, numas poucas palavras, é tarefa quase inviável. Daí que me venha prolongando, apesar das omissões que me tenho imposto a certos aspectos ou pormenores que sei, porém, importantes.

(C) É tentando continuar a cumprir aquele objetivo que me dedicarei, agora, a comentar o Centro de Capacitação Máximo Gorki.

Visitamo-lo, Elza e eu, juntamente com a equipe do IDAC, em fevereiro deste ano, pela primeira vez.

Enquanto nos dirigíamos, manhã cedo, para Có, a pequena aldeia rural, na zona de Cacheu, a cinquenta quilômetros ao norte de Bissau, onde fica o centro, Mário Cabral dele nos falava, entusiasmado, e nos contava sua história recente.

Em novembro do ano passado, um grupo de educadores o havia procurado para expor, sem rodeios, o seu projeto. Criar um Centro de Capacitação e superação de professores num velho quartel do exército colonial, que se esvaziara depois da independência do país. Um desses muitos quartéis que os colonialistas portugueses foram pródigos em espalhar pelo país, geralmente cercados de arame farpado, com minas em torno, e dentro dos quais se foram tornando, cada vez mais, prisioneiros de si mesmos.

Havia muito o que fazer para higienizar e melhorar, em todos os sentidos, as instalações do que antes tinham sido um ponto fortificado do invasor e um centro também, mas em que os colonialistas torturavam, até a morte, os nacionais, diante de cuja determinação terminavam, não raro, por se assustar.

Neste sentido, em certa medida, o quartel gerava, sem o querer, o futuro Centro de Formação Político-pedagógica, de que os primeiros educadores, através de seu exemplo, foram os heróis do povo, nele torturados e mortos, pela violência colonialista. De um deles, visitei a sepultura, em setembro deste ano, identificada, recentemente, por pessoas da população local, que sabiam o preço que muitos dos seus tiveram de pagar pela rebeldia e pela coragem de querer ser, com seu povo.

No momento de nossa visita, havia, então, quatro meses, desde quando aquele grupo de educadores, todos eles da fase da luta, experimentados no que significara a educação nas zonas libertadas, começara a dar-se, totalmente, aos primeiros trabalhos para a instalação do centro.

Refletindo as experiências vividas por aqueles educadores nas zonas libertadas, o centro nascia na unidade entre o trabalho manual e o trabalho intelectual. Entregavam-se tanto às tarefas de limpeza do imundo quartel, de caiação de suas dependências, de melhoria de suas condições sanitárias, de capinagem do campo em volta, de plantio de árvores, de higienização do poço que fornece excelente água, quanto, em certas horas do dia, pensavam na organização administrativa do centro, nos meios de eficientemente integrá-lo à vida da comunidade e nas suas atividades político-

-pedagógicas, preparando-se, assim, para receber o primeiro grupo de estagiários.

A impressão que este centro me vem dando, através da prática nele realizando-se, que implica não uma capacitação e recapacitação de professores em termos verbalistas, a intimidade de suas salas, mas, pelo contrário, a unidade da prática e da teoria e a comunhão sempre maior com a população em torno, é a de que se vem constituindo, cada dia que passa, num centro universitário do povo. Daquele tipo de universidade a que me referia num certo momento da primeira parte desta introdução — a que nasce no seio do povo trabalhador e que, fundando-se no trabalho produtivo, se dá ao esforço sistematizador do conhecimento que resulta da própria prática. Daí que o Centro de Có, fiel ao espírito que marcou a educação nas zonas libertadas, venha procurando superar certas dicotomias, sem o que não lhe seria possível marchar naquela direção. A dicotomia já anotada entre trabalho manual e trabalho intelectual e a dicotomia entre ensinar e aprender.

A superação da primeira dicotomia, ligada necessariamente à superação também da separação entre prática e teoria, vem sendo intensamente vivida. Não será demasiado repetir que o centro nasceu no exercício desta superação. Por outro lado, toda a sua atividade formadora, desde quando recebeu a primeira turma de estagiários, vem fazendo-se de acordo com este princípio. Todos os que nele participam se dão ao trabalho produtivo, associado ao intelectual.

Em setembro passado, vi suas áreas cultivadas. Milho, mandioca, batata, frutas, hortaliças, a que se junta hoje, com a colaboração do Comissariado de Agricultura, a criação de galinhas, patos, porcos e carneiros, com que o centro vai se tornando autossuficiente.

Mesmo que já fosse em si altamente positiva a participação de todos no trabalho produtivo, seria de lamentar, porém, que, de um lado, não se tivesse no próprio trabalho produtivo uma fonte de conhecimento diversificado e não apenas agrícola, que ele propicia; de outro, que a capacitação e a recapacitação dos professores estagiários, no campo, por exemplo, do ensino básico, não se encontrasse fundada na prática deste. Em outras palavras, se os estagiários, após o tempo dedicado ao cultivo e à colheita, às atividades de limpeza das dependências do centro, fossem para suas salas envolver-se num quefazer tradicional, ouvindo discursos sobre como ensinar. Daí que, enquanto não tenha sua escola primária experimental, quando aumentará indiscutivelmente a rentabilidade de sua tarefa formadora, o centro venha, para tal, se servindo da colaboração de uma escola primária da mesma comunidade, não muito longe dele, para a observação dos estagiários.

Tendo embora de confrontar ainda enormes obstáculos materiais, que não precisam sequer ser enumerados, a formação que vem tentando fazer se baseia na análise da prática. Por outro lado, na prática de se analisar a prática, se vem experimentando, também, a unidade entre o ato de ensinar e o ato de aprender. Unidade que se vem vivendo não só nas atividades docentes do centro, entre sua equipe de professores e os estagiários, mas entre aquela e estes, como uma equipe maior, em suas relações crescentes com as populações das tabancas em torno do centro.

Na verdade, só na unidade dialética entre ensinar e aprender é que a afirmação "quem sabe ensina a quem não sabe" ganha sentido revolucionário. Quer dizer, quando quem sabe, sabe, primeiro, que o processo em que algo aprendeu é social; segundo, quando sabe que, ao ensinar o que sabe a quem não sabe, sabe também que dele ou dela pode aprender algo que não sabia. Este é o espírito que se percebe em Có. Espírito que move o PAIGC e que caracterizou sua atividade político-pedagógica desde os começos de sua constituição em Bissau e o acompanhou no Instituto de formação de quadros em Conacri, através, sobretudo, do exemplo vivo de Amílcar Cabral. Espírito que prossegue na luta e que anima a educação nas zonas libertadas de que a escola de Có é uma continuidade.

No momento, com o apoio do comissário Mário Cabral, os professores efetivos do centro pensam na realização de alguns seminários em que se aprofundem diferentes aspectos no campo geral da educação e das ciências sociais, de que resulte o aumento de sua eficiência no desenvolvimento de sua tarefa formadora.

Apesar de se poder facilmente depreender das considerações até agora feitas em torno da escola de Có a ênfase no político, sempre presente em todas as atividades, creio interessante salientar este aspecto. O nascimento do centro, por isso mesmo, não resultou apenas do sonho possível daquela equipe e do apoio do Comissariado de Educação. No sonho da equipe estava a convicção de que o centro não poderia aparecer, da noite para o dia, como um presente que se fazia à comunidade. Desta forma, o sonho da equipe devia ser assumido também pela comunidade como algo, seu, sem o que não teria sentido, da mesma forma como o sonho de libertação daqueles e daquelas que, ao lado de Amílcar Cabral, criaram o PAIGC, precisou de ser encarnado pelo povo da Guiné e de Cabo Verde e fazer-se, assim, uma realidade. Daí o trabalho político inicial da equipe, a nível de comitês de tabancas, através do qual, ao interpretar-se o projeto para a concretização do centro, já se mobilizava a população para ativamente participar do esforço primeiro de sua criação. Assim, com o empenho comum da população e da equipe é que se fez a limpeza do velho quartel, a capinagem do terreno, para o que a população entrou também com seus instrumentos de trabalho.

Selou-se, deste modo, na atividade baseada na ajuda mútua, o diálogo em constante crescimento entre o centro e as populações das tabancas.

Foi esta comunhão sólida entre as populações e o centro, que elas sabem seu, que possibilitou, a partir de junho deste ano, uma das melhores experiências, no campo da alfabetização de adultos, hoje, na Guiné-Bissau e que tivemos a oportunidade de observar em setembro último.

Foi nesta experiência, levada a efeito por professores estagiários, formados por membros da Comissão Coordenadora dos Trabalhos de Alfabetização de Adultos, que se fez o melhor levantamento socioeconômico e cultural de uma área, na Guiné-Bissau, e de que resultou a escolha de adequadas palavras geradoras com que se iniciou o esforço de alfabetização no sentido dinâmico tantas vezes referido neste texto.

A pouco e pouco, sempre em comunhão com as populações das tabancas, o centro estende e intensifica sua ação.

"Temos feito o possível", diz seu diretor, Jorge Ampa, para de fato cumprir o objetivo de nossa escola, que é ligá-la à vida da população. Temos um posto sanitário, com uma equipe de três estagiários, com preparação de socorristas. As consultas são diárias, somando, às vezes, mais de cem por mês. "No período de abril a julho", continua Ampa, "foram assistidos 294 doentes".

De acordo com a política do Comissariado de Saúde, que privilegia a medicina preventiva, o centro se preocupa ao máximo com a educação sanitária, das populações, realizando, sempre em colaboração com os comitês de tabancas, reuniões de estudo em que se discutem certos aspectos "mágicos" ligados à saúde. As "debilidades da cultura" a que Amílcar Cabral se referia.

Estas reuniões, poderia dizer, estes seminários em que se discutem problemas sanitários com o povo, às vezes no terreiro limpo, uma espécie de pequena praça no centro de uma tabanca, ou à sombra de uma árvore ou ainda em "palotas", palhoças, construídas pela população, como as em que vi funcionando os Círculos de Cultura, se centram constantemente na análise da prática social da comunidade. É com respeito à compreensão do mundo que se vem desenvolvendo nesta prática — o que sempre caracterizou o comportamento do PAIGC — que o centro trabalha com as populações. Em última análise, a superação das "debilidades da cultura", que se constituem na prática social, requer a transformação desta, através das alterações que se vão dando nas relações sociais de produção. Mas como esta superação não é mecânica e sim dialética, a ação político-pedagógica a ela endereçada é importante e mesmo fundamental. Por outro lado e por isso mesmo os seminários em torno da educação sanitária vinculam, usualmente, à análise da saúde, a compreensão crítica do esforço de reconstrução nacional, o que significa também discutir a saúde em suas relações com a produção, sobretudo com o modo como se dão a produção e as relações sociais que neste ou naquele modo de produção se processam. Discussões que necessariamente se prolongam em debates de ordem política.

Este esforço sério de politização, girando em torno não importa de que atividades, se das que se prendem à educação sanitária, se daquelas ligadas à produção ou às de alfabetização de adultos, no fundo sempre unidas, vem alcançando também professores primários de escolinhas localizadas na área maior em que se situa o centro. Em todas estas ações, porém, jamais prescinde, como venho insistindo, da estreita intimidade com o comitê político das tabancas.

"Colaboramos sempre com o comitê de tabanca", diz Ampa, "e participamos de suas reuniões com a população. Reuniões presididas pelo comitê."

Creio, porém, que problemas como o das relações entre saúde, educação e o "modo de produção que representa em cada fase da história o resultado da busca incessante de um equilíbrio dinâmico entre o nível das forças produtivas e o regime de utilização social destas forças",[17] ao lado da formação em torno de conhecimentos específicos nos campos da saúde, da agricultura, deveriam constituir objetos de seminários a serem realizados com a equipe de professores efetivos do centro, com vistas a seu trabalho formador junto aos professores estagiários. Seminários também sobre a

---

[17] Amílcar Cabral, op. cit., p. 320.

questão da alienação cultural, por exemplo, provocada necessariamente, sobretudo em certas faixas da população, pela presença colonialista, e que Amílcar Cabral, como sempre, discutiu de maneira tão lúcida.

Na verdade, na medida em que a escola de Có amplia suas atividades como centro de capacitação de professores (a primeira turma de estagiários foi de trinta; a segunda, de sessenta; no ano letivo de 1977-78 poderá receber cem) e suas equipes intensificam sua ação político-pedagógica junto às populações das tabancas, vai-se impondo a elas um maior rigor no conhecimento da realidade sobre que atuam.

Envolvidas mais e mais neste mútuo processo de aprendizagem, se encontram, pois, inseridas num ato de conhecimento de que os sujeitos são, de um lado, elas; de outro, os grupos populares com os quais entram em diálogo. Aprendendo, indiscutivelmente, destes e com estes grupos, as equipes do centro têm, porém, uma tarefa a que não podem escapar e para a qual precisam se preparar: a de ajudar, no sentido autêntico desta palavra, aqueles grupos, através da análise de sua prática, a ir sistematizando o conhecimento que dela deriva, ultrapassando, assim, a mera opinião sobre os fatos por uma crítica compreensão dos mesmos.

Uma tal tarefa, com o desenvolvimento aprofundado da qual o centro se vai tornando aquela unidade universitária do povo, antes mencionada, implica que as equipes e os grupos populares tomem a quotidianeidade como objeto de sua reflexão. "Tomar distância" da quotidianeidade em que geralmente se acham "imersos", atribuindo, não raro, aos fatos que nela se dão uma "legalidade" intocável, é um passo indispensável para a "emersão" dela e seu desvelamento.

A condição necessária, porém, para este passo, repita-se, é que a "tomada de distância" da quotidianeidade se dê na análise da prática realizada ou realizando-se e se alongue na prática subsequente, qualquer que seja ela, sempre social.

A análise crítica por parte dos grupos populares de sua forma de estar sendo no mundo da quotidianeidade mais imediata, a de sua tabanca, e a percepção da razão de ser dos fatos que se dão nela os levam a sobrepassar os horizontes estreitos da tabanca, ou mesmo da zona, para ganhar a visão global da realidade, indispensável à compreensão da própria tarefa de reconstrução nacional.

Neste sentido é que uma atividade político-pedagógica como esta e que põe em prática uma teoria do conhecimento dialética é, em si, uma dimensão fundamental do esforço de reconstrução nacional. Reconstrução nacional que se alonga, obviamente, na criação de uma nova sociedade, sociedade de trabalhadores, em que um novo tipo de intelectual deve emergir — o que se forja na unidade entre o trabalho manual e o trabalho intelectual, entre prática e teoria.

A escola de Có vem sendo e pode vir a ser, cada vez melhor, um centro que contribui para a formação deste novo intelectual.

Estou convencido de que, em alguns anos mais, na continuidade de um exercício em que não há lugar para uma concepção estática nem elitista do conhecimento, a escola de Có, sem jamais despreocupar-se do trabalho sistematizador do conhecimento do povo, a ser feito com ele, conhecimento que vem derivando de sua própria prática, se irá convertendo naquele centro universitário de que falei.

Não há por que não prever, no decorrer de sua ação e de acordo com o crescente nível de curiosidade dos grupos populares com os quais começou a trabalhar, bem como em função das necessidades locais, regionais e nacionais, percebidas e assumidas pela população, que, em certo momento, não seja possível a esta escola formar, entre os membros da comunidade, enfermeiros, técnicos agrícolas, avicultores, mecânicos, eletricistas. Diferentes especialistas cujo processo de formação não terminaria aí, mas prosseguiria e se aprofundaria na avaliação constante de sua prática.

O importante é que a formação desses futuros especialistas, vindos de uma escola ampla que é a vida mesma, se faça na compreensão crítica e não estreita ou ingênua de cada prática específica, no quadro geral da prática social de que participam. E a compreensão crítica, seja da prática específica, seja da prática social, demanda a formação política concomitante com a técnico-profissional.

Em face de tudo o que se vem fazendo nesta escola e a partir dela, assim como de tudo o que virá a ser feito à raiz do que já se faz, seria uma contradição se sua administração se achasse enfeixada nas mãos apenas de seu diretor. Pelo contrário, o governo da escola se faz através do diretor, de professores efetivos e de professores estagiários, com igual participação. Semanalmente, se reúne o órgão dirigente, fazendo sempre o balanço ou a avaliação do que ocorreu na semana que passou. Sem limite de tempo, se discutem ideias e problemas, pois se evita, tanto quanto possível, a necessidade de decisão por voto. "Quando votamos", diz Jorge Ampa, "é porque há desacordo".

Nestas reuniões de direção são esboçadas linhas gerais, mas detidamente estudadas, com relação à vida do centro, incluindo seus projetos de ação na comunidade, linhas que são propostas ao debate da assembleia geral, de que participam todos os estagiários. Nas reuniões de assembleia, não raro, novas propostas surgem, com as quais se enriquecem os planos do comitê diretivo, em benefício do interesse comum.

Contraditório seria, por outro lado, se esta escola, que está ligada ao Comissariado de Educação, mas a cinquenta quilômetros dele e com precárias condições de comunicação, estivesse na dependência do órgão central para a solução de seus problemas imediatos e para a organização de seus planos de trabalho. O essencial é a harmonia entre estes planos e os objetivos da educação nacional, que cabe ao Comissariado de Educação traçar, em coerência com a política do PAIGC, realizada pelo Governo. Em última análise, o Comissariado de Educação opera, a nível nacional — como a escola de Có, a seu nível —, aberta e democraticamente. Em lugar de asfixiar iniciativas, com um sem-número de exigências burocratizantes, o Comissariado estimula e até exige a iniciativa, a criatividade, sem permitir que sua ação se perca nesse mundo de papéis que vão e que vêm e cuja função principal parece ser a de que um "tome conta" do outro, enchendo o vazio da inoperância "burocratista".

Não há vazios inoperantes, "cheios" de gente, nem no Comissariado de Educação nem na escola de Có. Esta, marcada pela excelente experiência levada a efeito nas zonas libertadas pelo PAIGC e de que é, como disse antes, indiscutivelmente, um prolongamento, vem sendo um exemplo de criatividade e de militância.

"Dentro do Ano II de Organização", afirma seu diretor, "vamos trabalhar mais e melhor, concentrando nossa ação no Terceiro Congresso do Partido, que em breve se realizará". Procurando intensificar as atividades prático-teóricas no centro, "se pretende saudar o acontecimento". Neste sentido, "se obtivemos uma aprovação de 100% no ano que terminou, vamos tudo fazer para conseguir o mesmo resultado no ano que vem".

Não foi gratuitamente que o Centro de Formação de Professores Máximo Gorki, da vila de Có, foi considerado, no ano letivo que findou, como a escola-modelo do país.

(D) Prosseguindo nesta conversa, talvez um tanto prolongada, mas necessária, pois que, sem ela, as cartas que se seguem perderiam, creio, muito de sua significação, gostaria de fazer alguns comentários, que não serão os últimos, em torno de uma reunião a que assistimos em fevereiro deste ano. Reunião a alguns quilômetros mais ao norte da escola de Có, entre um grupo significativo de uma comunidade camponesa e o comissário de Educação, com a presença também do responsável político da zona.

Era a primeira vez que, no processo de nossa aprendizagem da realidade da Guiné-Bissau, entrávamos em contato com um grupo de camponeses. Interessava-nos, obviamente, captar, tanto quanto possível, sobretudo, como viam a si mesmos em suas relações com o Partido e com o Governo, no quadro geral da luta pela reconstrução nacional. O que significava para eles esta luta, enquanto continuidade da outra, a de libertação nacional, à qual haviam dado seu apoio, na medida do possível, em face da repressão colonialista a que se achavam submetidos.

A reunião se realizou não numa sala arrumada e para ela preparada, mas à sombra de uma enorme árvore centenária. A melhor maneira que tinha a população de demonstrar sua hospitalidade era a de receber a delegação naquela sombra acolhedora e, em íntima relação com seu mundo natural, conversar sobre os seus problemas.

A impressão que tive é a de que a área sombreada daquela árvore é uma espécie de centro político-cultural da população. Um lugar de encontro, em que se conversa informalmente, mas também em que se discutem os planos de trabalho comum. Pensei, então, como se poderia aproveitar aquela sombra em programas de educação informal.

Quando me dirigia à árvore, olhando sua fronde, me lembrava de que, à sombra também de árvores como aquela, na mata, Amílcar Cabral costumava realizar, durante a luta, muitos dos seminários em que avaliava, com os "militantes armados", sua ação contra o exército colonialista. Seminários nos quais a análise de caráter tático-militar jamais deixou de ser acrescida de discussões de ordem política, de debates sobre a cultura com que a formação permanente dos quadros ia se fazendo.

Lembrava-me também do que me dissera um militante, não propriamente a propósito daqueles seminários, mas sobre um dos muitos encontros que Amílcar Cabral tivera com camponeses quando, dirigindo uma pesquisa em torno da realidade agrária da Guiné, percorreu todo o país.

Cabral aproveitava a oportunidade que a pesquisa lhe oferecia para, falando discretamente da realidade opressiva em que se achava o povo, ir detectando futuros quadros para o PAIGC, que, três anos depois de iniciado o recenseamento,[18] a 19 de setembro de 1956, era fundado.

Em certo momento de sua conversa com os camponeses, no encontro a que se referia o militante, à sombra também de uma árvore, Cabral se levanta com uma semente de dendê na mão e, escolhendo um sítio adequado, cava o chão e a planta. Depois, olhando os camponeses em volta, lhes diz: "Muita coisa vai acontecer em nosso país, feita por nós, pelo povo da Guiné, antes que a palmeira que nascerá desta semente dê os primeiros frutos."

"Anos depois", disse-me o militante, "se fez uma reunião do comitê do PAIGC daquela região, ao lado da palmeira que dava o seu primeiro cacho".

Ao fazer aquele discurso, que não se reduziu apenas à sua dimensão oral, quando disse que muita coisa ocorreria no país, feita pelo povo, antes que a palmeira frutificasse pela primeira vez, mas também incluiu o ato de plantar a palmeira, Cabral falou uma linguagem de esperança. Não de uma falsa esperança, que é a de quem espera na pura espera, por isso que vive um tempo de espera vã. A espera só é esperançosa quando se dá na unidade entre a ação transformadora do mundo e a reflexão crítica sobre ela exercida.

Ao falar aquela linguagem, em uma relação horizontal com os camponeses, Cabral começava o enraizamento, no

[18] Esse recenseamento foi determinado pelo então Ministério do Ultramar português, em 1953, em decorrência de um compromisso assumido por uma delegação portuguesa que participara de uma conferência promovida pela FAO — Organização para a Alimentação e a Agricultura — em Londres, no ano de 1947, segundo o qual Portugal faria um recenseamento agrícola nas suas possessões ultramarinas.

meio do povo, do PAIGC em formação, ao mesmo tempo que se intensificava o aprendizado de sua "re-africanização", associada ao "suicídio de classe" que se impunha aos intelectuais revolucionários africanos para "não trair os ideais da revolução" e sobre que falou tão claramente em seus textos.

Aberta a reunião, aquela a que assistíamos, o comissário Mário Cabral, em poucas palavras, disse de nossa presença na Guiné-Bissau, do trabalho que fazíamos juntos com os nacionais no campo da educação, terminando por afirmar que estava ali como responsável pela educação do país, para ouvi-los e debater com eles, livremente, as suas necessidades mais prementes.

Imediatamente, então, os cinco mais velhos do grupo se reuniram, num círculo dentro do círculo maior, discutindo entre si, em voz baixa, enquanto os demais permaneciam silenciosos.

Um jovem a meu lado me disse: "Conversam entre eles para estabelecer a ordem em que devem falar, bem como para definir alguns dos pontos sobre que falarão. Fazem sempre assim."

Um educador do lado de cá do mundo, insensível à compreensão de outras culturas, sobretudo convencido de que a única válida é a sua, já começaria a descobrir sinais de ineficiências, pois que não se haviam "preparado seriamente para a reunião", diria ele.

Em dado instante, um a um, começaram os cinco a falar. De modo geral, ricos no uso de metáforas, de gestos, com os quais sublinhavam suas afirmações.

Referindo-se às violências dos colonialistas, um deles curvava-se e recurvava-se para encarnar a palavra com que descrevia os maus-tratos recebidos. Andava de um canto a outro, dentro do círculo de sombra em que estávamos, com diferentes movimentos corporais, para expressar melhor um ou outro aspecto da história que contava. Nenhum falou estaticamente, dissociando a palavra de seu corpo. Nenhum disse sua palavra para que fosse apenas escutada. Na África, a palavra é também para ser "vista", envolvida no gesto necessário. Nenhum, como de modo geral ocorre na África, com exceção dos intelectuais que, "desafricanizados", negam suas raízes, revelou medo ou vergonha de usar seu corpo, no processo de sua expressividade.

E enquanto os via e os ouvia falando com a força de suas metáforas e a ligeireza de movimentos de seus corpos, pensava nas possibilidades inúmeras que se abrem, com essas fontes culturais africanas, a uma educação libertadora.

Falaram também do momento atual, de seu ânimo de participar do esforço de reconstrução nacional, apontando, ao mesmo tempo, as dificuldades com que se defrontavam.

O mais velho entre os "homens grandes", o que falou por último, à sombra acolhedora da enorme árvore, falou a todos nós numa linguagem igualmente de esperança.

"O PAIGC", disse ele, "mais ou menos, nos seus vinte anos, é ainda uma criança. Vinte anos são muita coisa na vida de uma pessoa, mas não na vida de um povo e de seu Partido. O bom do PAIGC é que aprendeu a andar com o povo. Eu não verei as coisas grandes que o povo da Guiné-Bissau, o PAIGC e o Governo vão fazer. Mas os filhos de nossos filhos verão. Eles viverão um tempo diferente. Mas, para isso, é preciso que eu, que não vou ver esse tempo, e todos nós façamos agora o que agora precisa de ser feito."

Era fevereiro deste ano e recém-visitáramos a escola de Có, em seus começos. Na volta a Bissau, impregnado do que presenciara, previa o que viria a ser aquela escola na medida em que se fosse "molhando" da realidade em torno e estreitando sua comunhão com camponeses como aqueles, cujas palavras acabara de "ver" e de ouvir.

Sempre que vamos à Guiné-Bissau, há um tempo reservado para novos encontros ou novas visitas (ao lado dos re-encontros e das re-visitas) com os quais vamos mais e mais nos tornando "íntimos" da realidade. Não vou falar aqui de todos esses encontros, de todas essas visitas, por mais que em cada um deles ou em cada uma delas tenhamos sempre algo de interessante a registrar. Me parece importante, contudo, dizer que os novos encontros como as novas visitas são fundamentais à nossa prática com as equipes nacionais. Fazem parte do método de trabalho que adotamos em que constantemente tratamos de ver, ouvir e indagar, submetendo aos nacionais os resultados de nossa curiosidade.

Estamos sempre atentos ao mais simples pormenor que nos chame a atenção numa dessas visitas ou num desses encontros e que nos desafie a uma reflexão com os nacionais.

Seria, em verdade, impossível que, em nossas idas ao país, participássemos de maneira eficiente dos seminários de avaliação com a Comissão Coordenadora de Alfabetização se, I) permanecendo somente em Bissau, não observássemos a prática realizando-se noutras áreas do país, e II) não procurássemos conhecer, de perto, o que se vem fazendo noutros setores de atividades que não as da alfabetização de adultos.

(E) Nas considerações que se seguem e com as quais encerrarei esta introdução que, em muitos aspectos, se prolonga nas cartas, tentarei uma síntese das atividades desenvolvidas, no campo da alfabetização de adultos, na Guiné-Bissau, durante este ano.

Há um ponto que me parece necessário sublinhar, antes de mais nada. É o que diz respeito à "linha de massas" que caracteriza a prática e a visão da alfabetização no país. Com isto o que se pretende, fundamentalmente, é que a alfabetização de adultos, como ato político, em coerência com os princípios do PAIGC, que informam a ação do Governo, se faça com um real envolvimento do povo. Em outras palavras, que os programas de alfabetização de adultos, onde quer que sejam iniciados, de acordo com as prioridades estabelecidas pelo Partido e pelo Governo, sejam assumidos, tanto quanto possível, pelas populações locais. Daí, a relação indispensável entre os programas de alfabetização de adultos e os comitês políticos de tabancas e de bairros, de tal maneira que seja, através destes comitês, que os educadores ou animadores, enquanto militantes também, se aproximem das populações. Na verdade, o que marca a "linha de massas", o que a define como tal, é o seu antielitismo revolucionário, o seu antipaternalismo, é o papel de sujeitos que devem as massas populares nela assumir, através de sua ingerência na própria programação da campanha. E o dinamismo dialético entre tática e estratégia em que ela sempre se encontra. Estrategicamente, constantemente voltada para a generalização à globalidade da sociedade em que se processa; taticamente, porém, podendo partir, não da totalidade, se as condições objetivas e subjetivas não o permitem, mas daquelas áreas em que estas condições já se estão dando ou se acham prestes a dar-se. Se as condições já estão dadas, ou em parte, o esforço de alfabetização corre rapidamente; se as condições estão prestes a dar-se, aquele esforço ajuda a sua concretização. Se as condições não existem e estão muito longe de existir, a alfabetização carece de sentido. Por isso é que não há como confundir a "linha de massas" com a generalização voluntarista da alfabetização.

Se toda campanha de alfabetização, numa "linha de massas", implica, cedo ou tarde, a sua generalização à globalidade da sociedade em que se dá, nem toda generalização de uma campanha significa sua inserção numa "linha de massas".

O estabelecimento de zonas e de setores prioritários, na Guiné-Bissau, para o lançamento da campanha nacional de alfabetização, de acordo com a realidade do país, coincide com a "linha de massas", em lugar de negá-la.

Em oposição ainda com a generalização voluntarista da alfabetização, a "linha de massas" demanda daquelas e daqueles nela envolvidos que se experimentem, permanentemente, na tensão entre a impaciência e a paciência. A generalização voluntarista, pelo contrário, revela naqueles e naquelas que a ela se dão a negação da tensão de que resulta a sua entrega à pura impaciência. Sua tendência, ao romper a tensão necessária, é inclinar-se a acelerar o progresso independentemente de se há ou não condições para tal, é ensinar sem aprender, é transferir o conhecimento, pois que "não há tempo a perder".

A ruptura da tensão, em tais circunstâncias, entre a impaciência e a paciência, os remete aos esquemas de uma pedagogia antidialógica em cuja prática, não importam suas intenções, o conhecimento aparece como algo terminado, concluído. E não se percebe a contradição entre a prática na qual o conhecimento é transferido como um "pacote" e o discurso em que dele se fala em termos dinâmicos.

O contrário, por outro lado, seria a ruptura de que resultasse o quase desaparecimento da impaciência que, em tensão com a paciência, move e empurra. Neste caso, facilmente se resvala para a passividade que, "deixando as coisas como estão para ver como ficam", não tem nada com o sentido militantemente revolucionário da "linha de massas". Nesta, a paciência, pois, não é conformismo. Significa apenas que a melhor maneira de fazer amanhã o impossível de hoje é realizar hoje o possível de hoje.

Em Amílcar Cabral, essa tensão jamais se rompe. Em sua prática revolucionária e em suas reflexões sobre ela, que deixou em seus textos, a tensão está sempre presente. "Devemos andar depressa", diz ele, "mas não correr; sem oportunismos, sem entusiasmos que nos façam perder de vista a realidade concreta. Mais vale começar a luta armada com um atraso aparente, mas com garantias de continuidade, do que começá-la cedo ou em qualquer momento, sem ter realizadas todas as condições que garantam a sua continuidade e a vitória para o nosso povo." E mais adiante: "Conhecer bem as nossas forças, ter em cada momento uma consciência perfeita das coisas que podemos fazer. Avaliar bem as nossas possibilidades em cada área, em cada unidade das forças armadas, agir sempre de acordo com essas possibilidades e fazer tudo para melhorar as nossas forças e a nossa capacidade, tanto no plano dos homens como no material.

Nunca fazer menos do que podemos e devemos fazer, mas não pretender, em nenhum caso, fazer coisas que realmente não estamos ainda em condições de fazer."[19]

É seguindo esses princípios, válidos não só para a luta de libertação, ontem, mas para a da reconstrução nacional, hoje, que o Governo da Guiné-Bissau, através do seu Comissariado de Educação, vem trabalhando no campo da alfabetização de adultos. Por isso é que, sendo nacional a sua campanha, parte, como antes salientei, daquelas zonas e daqueles setores que, propiciando uma prática válida, oferecem aos quadros que dela participam um rico e indispensável aprendizado com que se preparam para estender e aprofundar a ação.

Este aspecto da capacitação de quadros para a posta em prática de uma pedagogia como a de que falei tão insistentemente neste texto e tenho falado em trabalhos anteriores, pedagogia que coincide com os princípios básicos do PAIGC, não pode deixar de ser um dado fundamental no quadro geral de uma campanha de alfabetização como a em que se engaja o Governo da Guiné-Bissau. Capacitação a ser sempre feita na unidade da prática e da teoria e que não se pode reduzir ao "treinamento" dos militantes num certo número de destrezas técnicas, como cada vez mais em menos tempo se vem fazendo com a classe trabalhadora nas sociedades capitalistas avançadas.[20]

---

[19] Amílcar Cabral, *PAIGC: Unidade e Luta*. Lisboa: Publicações Nova Aurora, 1974, p. 12-31.

[20] Ver, a esse propósito, Harry Braverman, *Labor and Monopoly Capital: The Degradation of Work in the Twentieth Century*. Nova York e Londres: Monthly Review Press, 1974.

Para a realização deste programa, a cargo diretamente da Comissão Coordenadora de Alfabetização de Adultos,[21] que trabalha em estreita relação com o comissário Mário Cabral, esta comissão vem realizando uma série de atividades centradas nas zonas e setores prioritários. Atividades nem sempre fáceis de serem levadas a efeito e cujos resultados, também, nem sempre correspondem ao que delas se esperava. De qualquer maneira, porém, as falhas cometidas, num ou noutro momento de uma ação não muito bem programada e que não se fundou num conhecimento mais detido da realidade, são analisadas, nem sempre também sem dificuldades — é preciso não idealizar — no seio da própria comissão cujos membros, no exercício difícil de uma correta autocrítica, vão aprendendo como superá-las. O importante é estarmos convencidos, mais uma vez com Amílcar Cabral, de que os "erros que cometemos não devem desanimar-nos assim como as vitórias que alcançarmos não devem fazer-nos esquecer os erros".[22]

A tarefa principal desta comissão, no ano que finda, em diálogo que procurou estreitar mais e mais com comissariados como o da Saúde, o de Agricultura, o de Servi-

[21] Essa comissão, cada vez mais tornando-se intercomissarial, apresenta seus relatórios, que são objeto de larga discussão, através do comissário da Educação, a uma outra, criada em fevereiro deste ano — a Comissão Nacional de Alfabetização — de que participam os Comissariados mais diretamente envolvidos no programa de alfabetização e que tem como presidente o próprio presidente do Conselho de Estado, o camarada Luiz Cabral. Cabe à Comissão Nacional, sobretudo, traçar as linhas gerais de ação a ser exercida pela comissão coordenadora, em acordo com a política do Partido. Em nossas visitas de trabalho ao país, tivemos oportunidade de participar de duas reuniões desta comissão, que nos deixaram uma forte impressão pelo nível das discussões e seriedade com que se tratam os problemas.

[22] Op. cit., p. 14.

ços Internos, o de Informação; com os comitês políticos do partido nas zonas onde atuou; com as organizações de massas — a JAAC, a União Nacional de Trabalhadores —, com centros de formação como o de Có, foi a capacitação de quadros, com a criação de Círculos de Cultura experimentais cuja continuidade fosse possível prever. Com esta atividade, realizada não apenas em Bissau, mas em diferentes áreas do país, através de "Brigadas", a comissão, de um lado, fez um amplo trabalho de interpretação do papel da alfabetização que ela costuma chamar de "integral" no processo de reconstrução nacional, mobilizando a opinião pública para a percepção crítica do problema. Do outro, implantou núcleos do programa em quase todas as áreas consideradas prioritárias e, sobretudo, reconhecendo as falhas cometidas, se preparou para, no próximo ano, o Ano II de Organização, atender bem a uma das três principais tarefas a este ano reservadas pelo Governo, através do Comissariado de Educação — a que diz respeito à campanha nacional de alfabetização.

Em um relatório do mês de maio, dizia a comissão: "Temos a referir também e especialmente o apoio recebido por parte dos dirigentes do Partido e do Estado, o que atesta a importância que vem sendo dada à alfabetização." Apoio comprovado, mais uma vez, nos contactos que precederam a ida de uma dessas Brigadas a uma das regiões do país. "Contatos", diz o relatório, "com o camarada presidente Luiz Cabral, com os diversos Comissariados que compõem a Comissão Nacional de Alfabetização, com outros Comissariados, com organizações de massa, com organismos estatais".

Em setembro passado, quando de nossa mais recente estada no país, após a visita que fizemos à escola de Có, a qual se alongou, como não podia deixar de ser, a quatro tabancas em volta do centro, para ver e sentir o extraordinário trabalho de alfabetização de adultos nelas realizando-se, dedicamos oito de nossos dias na Guiné a um seminário de avaliação das atividades levadas a cabo pela comissão.

É interessante reafirmar, pois que disse algo sobre isto antes, que a avaliação que realizamos não é um processo em que tomamos a equipe coordenadora e sua ação como objetos de nossa análise sobre que falássemos, depois, com ares doutorais. Pelo contrário, nós e a comissão, dialogicamente, tomamos a prática realizando-se como objeto da avaliação e procuramos entender as causas das falhas e estudar as diferentes maneiras de superá-las.

Não foi por pura coincidência que os esforços mais positivos, na área civil — uma vez que os desenvolvidos no seio das FARP revelavam, mais e mais, por todas as razões já anotadas neste texto, um alto índice de eficiência —, eram os que se vinham fazendo nas tabancas em torno da escola de Có. Sentia-se nos Círculos de Cultura que vimos em funcionamento, dentro de "palotas" construídas pela própria população, a presença político-pedagógica da escola de Có, em sua íntima relação com o comitê do Partido.

Uma das conclusões, por exemplo, a que chegamos todos no seminário da avaliação e à luz da análise do papel que vem tendo aquela escola foi a de a comissão, tanto quanto possível, nas áreas em que comece a trabalhar, procurar associar-se (além de sua ligação normal com o comitê local do Partido) seja com um posto de saúde, com um internato ou com uma cooperativa de produção que, em real comunicação com a população local, se constituam em pontos de apoio aos programas de alfabetização de adultos.

De uma coisa estamos certos: marchando na paciente impaciência, por isso com segurança, os trabalhos de alfabetização de adultos, na Guiné-Bissau, mais do que uma promessa, são uma realidade.

Ao concluir esta introdução, que sei demasiado incompleta, não gostaria que ela pecasse por duas omissões. A primeira, a de não registrar aqui, não apenas em meu nome pessoal, mas no da equipe do IDAC e no do Departamento de Educação do Conselho Mundial de Igrejas, o nosso agradecimento ao povo, ao PAIGC e ao Governo da Guiné-Bissau pela oportunidade que nos vêm dando de, aprendendo tanto, ensinar também e, assim, participar, como podemos, do esforço de reconstrução do país.

A segunda, a de não dizer, particularmente no de Elza e no meu nome, o quanto o nosso envolvimento na Guiné-Bissau tem provocado em nós não uma nostalgia do Brasil, mas uma saudade mansa, bem-comportada, dos já distantes anos em que, em Círculos de Cultura tão vivos quanto os de Có e os das FARP, tanto aprendemos com o nosso povo.

Paulo Freire
Genebra, inverno de 1976

Postscriptum

Viagens de trabalho a São Tomé e Príncipe e Angola, em dezembro do ano passado e fevereiro deste ano, fizeram coincidir o término da revisão tanto da introdução quanto das cartas que compõem este livro com a primeira visita deste ano à Guiné-Bissau, em março passado. As observações que fiz, participando de seminários de avaliação com a Comissão Coordenadora dos Trabalhos de Alfabetização de Adultos, bem como em encontros com os professores estagiários e a equipe diretora da escola de Có e com responsáveis de outros setores de atividades do Comissariado de Educação, me convenceram da necessidade deste P.S. Ao redigi-lo, evitarei, porém, convertê-lo num relatório minucioso de tudo o que se discutiu em torno da alfabetização de adultos, quer nas áreas civis, quer no seio das FARP, bem como de tudo o que pude ver e sentir nos dias em que, com Elza e Julio de Santa Ana, da Comission on the Churches' Participation in Development, convivi com as equipes de professores efetivos e estagiários do Centro de Capacitação e Recuperação de Professores Máximo Gorki, em Có. Em última instância, o que pretendo com este P.S. é atualizar considerações, análises e informações contidas na introdução. Tentarei, assim, cingi-lo aos pontos que me parecem mais importantes, entre os muitos que me impressionaram na última visita.

O primeiro destes pontos que gostaria de considerar, ao oferecer novos dados em torno dele, diz respeito às relações entre educação e produção. Aspecto a que fiz referência, insistentemente, na introdução deste livro, salientando que o aprimoramento e a intensificação destas relações constituem uma preocupação do PAIGC a que o Governo, através sobretudo do Comissariado de Educação, vem dando o melhor de seu empenho. "De todos os nossos esforços no Comissariado, de todo o nosso trabalho", diz Mário Cabral em recente entrevista ao *Diário de Lisboa*,[23] falando destas relações, "é este o que mais me sensibiliza e de que mais gosto de falar".

Esta preocupação — a de jamais dicotomizar educação de produção — que sempre caracterizou o PAIGC, marcando decisivamente toda a experiência educativa que se desenvolveu nas chamadas zonas libertadas, durante a luta, não poderia deixar de constituir-se num dado central, numa espécie de "tema gerador" sobre que se fundaria o novo sistema educacional do país. Assim é que, já nos começos do ano letivo de 1975, poucos meses depois da entrada do PAIGC em Bissau, o Comissariado de Educação, ao mesmo tempo que mantinha e estimulava a unidade entre educação e produção nas antigas zonas libertadas, ensaiava os primeiros passos no sentido desta unidade nas escolas de Bissau.

Em certo momento da introdução me refiro às tentativas realizadas nesta direção, bem como às resistências de estudantes a elas. Resistências de estudantes que não se podiam conceber usando suas mãos em trabalhos considerados como subalternos.

[23] Jornal *Diário de Lisboa*. Lisboa: abril de 1977.

Tanto Mário Cabral quanto seus auxiliares imediatos, entre eles, sobretudo, Carlos Dias, responsável pelo departamento encarregado de promover as relações entre trabalho e estudo, sabiam que, de um lado, seria impossível superar o sistema educacional herdado dos colonizadores, mantendo-se um liceu verbalista, blablablante, com estudantes de-formando-se, distanciados do ato produtivo. De outro, compreendiam as razões ideológicas que explicavam aquela resistência por parte de um bom número de estudantes. Uma vez mais se percebe, no trato de um problema tão fundamental, para o futuro do país, quão delicado, a sabedoria que o PAIGC veio acumulando nos anos de luta. Uma vez mais a solução procurada se achava no equilíbrio entre a impaciência e a paciência ou em formas de ação impacientemente pacientes. Não se tratava, na verdade, naquela época, de impor a todos os estudantes do liceu de Bissau sua participação no trabalho produtivo, mas de convencê-los do valor formador do trabalho. O que se impunha no momento era a busca da adesão da juventude ao esforço de reinvenção de sua sociedade para o que a unidade entre trabalho e estudo se fazia indispensável.

Este foi, de fato, o principal objetivo do Comissariado de Educação, ao propor aos estudantes de Bissau, nos começos do ano letivo de 1975, os primeiros projetos visando à unidade entre a atividade escolar e a produtiva. Havia, por parte do Comissariado de Educação, ao iniciar o diálogo com a juventude liceal sobre a necessidade de unir o estudo ao trabalho, uma convicção bem firme. Convicção de que, sem tal unidade, a aprofundar-se na medida mesma em que uma nova prática social se fosse constituindo, não seria possível contribuir para a criação de uma nova sociedade em que se superassem as diferenças entre o trabalhador manual e o chamado intelectual. Uma sociedade que sonha com ir se tornando, no desenvolvimento de seu processo, uma sociedade de trabalhadores, não pode deixar de ter, no trabalho livre, na produção do socialmente útil, uma fonte fundamental de formação do homem novo e da mulher nova, coincidentes com tal sociedade.

Conversando comigo, em março passado, sobre este problema, dizia Carlos Dias que "seria impossível conceber o trabalho fora da educação como se fosse algo a que aspirássemos e para o que nos preparássemos em lugar de tomá-lo como o centro mesmo da formação. Daí que trabalhar estudando e estudar trabalhando seja o nosso lema". Isto não tem nada que ver, porém, diga-se de passagem, com a "unidade" entre trabalho e estudo que se realiza nas sociedades capitalistas, nos chamados "centros de aprendizagem industrial", "viveiros" em que se "cultivam" os futuros operários para vender sua força de trabalho à classe empresarial.

"A ligação do trabalho ao estudo, do trabalho socialmente útil, fecundo e criador", enfatiza Carlos Dias, "na transição que vivemos para uma sociedade sem exploradores nem explorados, persegue dois objetivos. De um lado, iluminar a contradição entre trabalho manual e trabalho intelectual, de cuja superação total estamos ainda longe; de outro, possibilitar o autofinanciamento gradativo da educação, sem o que não poderia ser, em nossas condições, democratizada."

Mas se esta era uma convicção bem firme, como sublinhei acima, do Comissariado de Educação, ao estabelecer, nos começos de 1975, seus primeiros diálogos com a juventude liceal de Bissau, convidando-a a participar do trabalho produtivo, a esta convicção se juntava uma confiança não menos firme do Comissariado na juventude. Na juventude que deveria ser desafiada (e não ameaçada) a assumir o seu papel no esforço da reconstrução nacional. Não uma confiança gratuita, vaga, difusa, de que resultasse uma posição espontaneísta do Comissariado e que repousasse na certeza ingênua de que a juventude do liceu, entregue a si mesma, seria capaz de encontrar, com clareza, o seu papel naquele esforço. Pelo contrário, uma confiança crítica — a mesma que jamais deixou de estar presente na prática de pedagogos políticos como Amílcar Cabral, Samora Machel, Fidel, Raúl Ferrer, Makarenko, Freinet, Nyerere, para citar apenas estes, entre tantos outros.

Ao dialogar com os jovens do liceu, o Comissariado sabia que uma pequena parte, por mínima que fosse, aceitaria o convite e se entregaria às primeiras experiências de trabalho produtivo. A partir daí, seria o testemunho dessa minoria, ao lado do permanente trabalho político, jamais descurado, que iria comunicando-se aos demais.

Desta maneira, as iniciativas que, em pequena escala, se lançam em 1975 se alargam e aprofundam em 1976 e alcançam em março deste ano um nível surpreendente. A pequena minoria que, atendendo ao convite do Comissariado de Educação, em começos de 1975, se deu ao esforço produtivo, se transformou, em dois anos, na unanimidade dos alunos do liceu de Bissau. Hoje, oitocentos jovens deste liceu, organizados em comitês de que o responsável ou a responsável se elege entre eles, se acham engajados numa ou noutra forma de trabalho produtivo. Diariamente, manhã cedo, durante o tempo de minha última visita ao país, via-os em grupos, disciplinados e felizes, cortando as ruas de sua cidade, em direção ora ao campo do Hospital Simão Mendes, a 25 minutos a pé do liceu, ora a um outro campo agrícola, numa área urbana de Bissau, bastante mais longe que a do hospital. A própria presença desses jovens, quase como se estivessem desfilando pelas ruas da cidade, com seus instrumentos de trabalho ao ombro, é uma "linguagem" diferente, com que anunciam a construção de uma nova sociedade. É um testemunho novo que não pode passar despercebido à cidade, testemunho que a desafia e que a faz pensar que algo diferente está ocorrendo. Sua juventude, a pouco e pouco, vai deixando de "consumir" letras, de memorizar a geografia e a história da metrópole para ir tendo, no trabalho, a fonte de seu estudo.

Num mês de atividades, no Hospital Simão Mendes, trabalharam 1.377 horas; num campo agrícola, em Antuta, a poucos quilômetros de Bissau, 2.187 horas; no Comissariado de Comércio e Artesanato, 1.908 horas.

Há algo que me parece importante salientar. A margem de liberdade que têm os estudantes na sua participação no trabalho. Um grupo, por exemplo, que se dedica seriamente ao cultivo das flores no Hospital Simão Mendes, pensa na mensagem de vida que uma rosa possa trazer diariamente aos enfermos. Amam as rosas que plantam tanto quanto a terra que preparam para a semeadura de árvores frutíferas. O seu amor à vida tem que ver com o esforço de reconstrução revolucionária de sua sociedade.

No interior do país, pela própria experiência da luta, os dados são ainda mais eloquentes. Em Tombali, por exemplo, adolescentes dos últimos anos de escolas de ensino básico plantaram 917 bananeiras; colheram 1.020 quilos de arroz e prepararam para o cultivo 837 metros quadrados de terreno. No setor de Bedanda, na mesma região, não puderam sequer medir a extensão da área preparada para o cultivo, que ultrapassou em muito os 837 metros quadrados acima referidos.

Bafatá continua sendo, porém, a região-modelo, a melhor organizada. Se no ano passado, conforme declarei na introdução, das 106 escolas da zona, 96 produziam, hoje não há uma sequer que não tenha o seu campo agrícola. Seus alunos, com a participação de seus professores, plantaram e colheram 24.516 quilos de batata, 4.823 quilos de arroz, 11.177 quilos de milho, 800 quilos de amendoim e 250 de feijão.

O trabalho produtivo, de caráter coletivo, vem dando a educandos e a educadores uma visão distinta de sua formação em comum, vem inserindo a escola nas comunidades, como algo que delas emerge, que está com elas e não "fora" ou "acima" delas, como algo a serviço da comunidade nacional. "No momento", diz Carlos Dias, "uma de nossas preocupações é a de conseguir que o campo das escolas e o das famílias dos alunos se unam num só campo produtivo. Em Bula, região de Cacheu, estamos por começar experiências em que trabalhadores camponeses, jovens estudantes e militantes das FARP se darão ao trabalho produtivo, de caráter coletivo."

É importante sublinhar, porém, que tudo isto é ainda, e não poderia deixar de ser, um puro começo. Mesmo que não escondam sua satisfação com os resultados que se vêm obtendo nesta dimensão fundamental da radical transformação do sistema educacional herdado do colonizador, o comissário Mário Cabral e seus auxiliares imediatos estão bem conscientes do muito que têm ainda por fazer neste como em outros domínios da educação nacional. Por isso mesmo, ao falar-nos do que se vem fazendo no país, ao acompanhar-nos às áreas para que vejamos, no concreto, o de que falam, não se permitem cair num ufanismo ingênuo nem jamais perdem o sentido da humildade. O pudor revolucionário com que se referem à luta pela libertação nacional está presente nas análises que fazem da luta pela reconstrução nacional, continuação daquela.

Dentro, ainda, deste tema, o das relações entre educação e produção, mas agora na área da alfabetização de adultos, há uma experiência que, tudo indica, poderá vir a tornar-se exemplar para outras regiões do país, não porque deva ser literalmente transplantada, mas enquanto se possa converter numa fonte de aprendizado. De aprendizado não apenas para os componentes da Comissão Coordenadora dos Trabalhos de Alfabetização de Adultos, mas também para nós.

É uma experiência de indiscutível riqueza pela variedade de aspectos que nela se entrecruzam, a ser pensados, analisados e acompanhados em seus mais mínimos pormenores. Um deles, por exemplo, a que fiz referência numa das cartas, citando a experiência de Tachai, é o dinamismo que se estabelece entre a educação e as transformações que se vão operando no contexto socioeconômico, de tal modo que estas, precedendo àquela ou por ela motivadas, a estimulam e a reorientam.

Um outro é o da necessidade, em função mesmo deste dinamismo, em certas situações, de a alfabetização ser precedida, em aparente contradição, pela pós-alfabetização.[24] Daí, por isso mesmo, que sempre tenha tomado a alfabetização

[24] Em algumas das cartas que compõem este livro esta possibilidade é mencionada.

de adultos como ação cultural,[25] o que significa, nesta visão ampla de sua compreensão, que ela deve ser, sobretudo, um esforço de "leitura" e de "re-leitura" da realidade, no processo de sua transformação. Na verdade, o domínio sobre os signos linguísticos escritos, mesmo pela criança que se alfabetiza, pressupõe uma experiência social que o precede — a da "leitura" do mundo.

Nem sempre, porém, é necessária a coincidência entre o aprofundamento crítico da "leitura" da realidade com o aprendizado da leitura e da escrita dos signos linguísticos, isto é, com a alfabetização no sentido em que é geralmente entendida. Em certas circunstâncias, é possível que uma comunidade se engaje, durante algum tempo, numa séria prática reflexiva sobre sua realidade, discutindo uma temática geradora significativa, ligada a seus interesses concretos, indagando-se em torno, por exemplo, de sua experiência produtiva, de caráter coletivo, de como produzir melhor, perguntando-se sobre seu papel no esforço de reconstrução nacional, envolta, enfim, num programa que poderíamos chamar de "pós-alfabetização", sem que, porém, se tivesse iniciado no aprendizado da leitura e da escrita dos signos linguísticos. Seria, no caso, a prática da "re-leitura" crítica de sua realidade, associada a uma forma de ação sobre ela, a que poderia despertar a comunidade para o aprendizado da leitura e da escrita dos signos linguísticos. O oposto, numa perspectiva revolucionária, é que seria inviável, isto

[25] A própria designação de Círculo de Cultura e não Escola Noturna para Adultos ou Centro de Alfabetização, que preferi desde os começos da experiência brasileira, tem que ver com esta visão ampla de tal processo.

é, o aprendizado da língua sem o aprofundamento da "leitura" e da "re-leitura" da realidade.

Em outras oportunidades, o aprendizado da leitura e da escrita, corretamente associado à "leitura" crítica da realidade, torna possível aos educandos mobilizar-se e organizar-se para um tipo de ação no momento em que uma necessidade até então simplesmente sentida e às vezes nem sequer sentida se constitui como um "destacado percebido em si".

A mobilização e a organização para a ação se fazem a resposta que se dá ao que antes era, como disse acima, uma necessidade simplesmente sentida e que agora se torna um desafio, um "destacado em si". É como se se fizesse uma descoberta.

Daí em diante, em tal caso, o projeto, que é posto em prática e que "nasceu" na experiência da alfabetização como ação cultural, passa a fecundar a prática educativa que lhe deu origem.

É tudo isto o que vem caracterizando a experiência que, a partir de fins de outubro do ano passado, se vem desenvolvendo no setor de Sedengal, zona de Cacheu, no extremo norte do país.

A sua história bastante recente começa quando, nos meados do ano passado, a Comissão Coordenadora dos Trabalhos de Alfabetização, aproveitando, de um lado, o interesse de um largo grupo de estudantes do liceu de Bissau, de origem interiorana, em participar dos programas de alfabetização, e, de outro, o período das férias maiores, capacitou duzentos desses jovens, organizando, com eles, o que chamou de "Brigadas".

Ao regressar, de férias, a suas regiões de origem, jamais trabalhando individualmente, mas sempre em equipes, coordenadas por um deles, os estudantes se dariam à posta em prática dos objetivos centrais das Brigadas.

Caberia a estas, atuando em áreas consideradas prioritárias, em estreita relação com os comitês locais do Partido, iniciar um esforço de mobilização das comunidades, interpretando-lhes a correta concepção da alfabetização, e motivar, através deste esforço, alguns jovens que, capacitados pelas Brigadas, poderiam começar os trabalhos, deixando, assim, em diferentes setores de tais zonas, Círculos de Cultura em funcionamento, cuja continuidade estaria assegurada por serem seus animadores jovens locais.

Saliente-se, porém, que nem todas essas Brigadas conseguiram, por diferentes razões, alcançar tais objetivos. Sua própria capacitação, em Bissau, se ressentiu de um maior envolvimento de seus participantes na prática, cuja quase total ausência esvaziou, em grande parte, o sentido da teoria de que se lhes falou. Por outro lado, nem sempre foram bem planejados e executados os trabalhos de mobilização das populações, nem tampouco, em outros casos, tomadas medidas necessárias para manter viva a mobilização feita. De qualquer modo, contudo, o projeto foi válido, não apenas por ter proporcionado o surgimento de experiências altamente interessantes como a de Sedengal, mas também pelo aprendizado que ofereceu à Comissão Coordenadora ao analisar seus aspectos positivos e negativos. Mais ainda, pelo aprendizado que os participantes das Brigadas fizeram e que está sendo fundamental, no momento, a muitos deles, para a continuidade de sua contribuição ao Programa de Alfabetização, ao nível de Bissau, no período de estudos; do interior, na época de suas férias escolares.

A mobilização, antes mencionada, das populações, com que se buscava a organização de programas de alfabetização, no sentido amplo a que sempre me refiro, envolvia a preocupação com um levantamento, mesmo não muito rigoroso, das suas necessidades básicas. Levantamento de que as populações participassem, como sujeito, e não de que fossem simples objetos.

Na análise das atividades de todas as Brigadas fica bastante clara a importância do papel dos comitês do Partido, o que não significa, porém, que a sua presença, em si mesma, pudesse assegurar, sempre, o êxito daquelas atividades. No caso de Sedengal, que nos interessa no momento, a mobilização da população e o levantamento de suas necessidades básicas contaram, desde o começo, com a participação eficiente do comitê local do PAIGC.

Na verdade, porém, a população de Sedengal não *foi mobilizada pela Brigada e pelo comitê do Partido*, mas *com eles se mobilizou*. Daí que a organização dos Círculos de Cultura, em que seus participantes começaram o aprendizado da leitura e da escrita, associado à "leitura" e à "re-leitura" de sua realidade, tenha sido assumida não só pelos alfabetizandos, mas pela comunidade mesma. É esta assunção do projeto pela comunidade a sua nota mais forte, a que melhor explica o seu êxito. Uma das expressões desta assunção do projeto pela comunidade está na adesão de um grupo de jovens que, capacitados pela Brigada, se tornaram animadores dos vários Círculos de Cultura. Jovens camponeses, com terceira e quarta classes primárias, nascidos e crescidos no "mundo" de Sedengal e envolvidos, agora, com seus camaradas mais velhos, na "re-leitura" e na "re-escritura" de seu mundo, e não apenas na leitura e na escrita de palavras. Jovens que têm andado de sua comunidade a uma outra, a dez quilômetros de distância, para vender cestos e esteiras, por eles mesmos produzidos, e com o resultado de cuja venda compram o querosene com que asseguram o funcionamento das sessões noturnas dos Círculos de Cultura. É esta assunção do projeto pela comunidade a que explica, ainda, a presença desta, através sempre da maioria de seus habitantes, às reuniões periódicas que membros da comissão coordenadora realizam em Sedengal com os animadores dos Círculos de Cultura. Reuniões de avaliação de que aparentemente deviam participar apenas os animadores, mas às quais a comunidade, com o maior dos interesses, se incorpora.

Desta maneira, os Círculos de Cultura cada vez mais se estendem à comunidade toda, que, tudo indica, virá a transformar-se, toda ela, num círculo também. Esta hipótese se vem fazendo possível na medida em que, a partir da prática, nos Círculos de Cultura, da "leitura" da realidade e do aprendizado, mesmo precário, da leitura e da escrita dos signos linguísticos, em dado momento, os alfabetizados "descobriram" a necessidade de entregar-se a um projeto maior — o de cultivar uma enorme área de terreno do Estado, a quatro ou cinco quilômetros de sua tabanca, em forma de trabalho coletivo.[26] O momento da descoberta foi exatamente aquele em que uma necessidade, até. Então possivelmente apenas *sentida*, se constituiu num "destacado percebido em si".

Daí em diante, organizaram-se para a nova prática, dividindo-se em equipes responsáveis por esta ou aquela tarefa.

[26] O Comissariado de Agricultura, na medida do possível, vem prestando assistência técnica a este projeto.

Interpretaram seu projeto à comunidade que a ele aderiu imediatamente. Juntaram esforços para a obtenção de instrumentos de trabalho, discutiram sobre o que produzir e iniciaram o tratamento da terra para a semeadura. Começaram assim a "re-escrever" sua realidade. Passaram do trabalho individual ao trabalho coletivo. "Quem não descobriu o valor do coletivo dificilmente encontra sentido para ficar em Sedengal", disse um deles numa reunião da população com membros da comissão coordenadora.

Uma representante desta comissão me dizia em março que "o entusiasmo é a nota característica da população de Sedengal. O entusiasmo — uma certa alegria de viver —", continuava ela, "que se apodera de nós quando descobrimos uma coisa nova, maravilhosa, diante da qual nos perguntamos como tinha sido possível viver tanto tempo sem ela. No momento em que a descobrimos e nos damos a ela percebemos que, por muito tempo, talvez, ela esteve latente em nós, esperando o momento de sair. A descoberta é este momento que chega. É assim que vejo Sedengal, o entusiasmo de sua população, a sua alegria incontida diante de e por causa de 'sua' coisa nova — o trabalho coletivo. A descoberta do coletivo, porém, não significou a negação do individual, mas o seu enriquecimento. Por outro lado", continuou ela, "o trabalho coletivo vem elevando visivelmente o nível político da população. Em recente reunião em Sedengal, em que falávamos do Terceiro Congresso do Partido e de como Sedengal poderia contribuir para o mesmo, a tese geral era a de que a melhor maneira de saudarem o Congresso seria a de estenderem e aperfeiçoarem o trabalho coletivo".

"Sedengal", disse-me ainda a mesma camarada, semissorrindo, "é o lugar das surpresas. É impossível lá ir sem se ser desafiado por algo novo. Corremos para cá e para lá, aprendendo com eles, porque, no fundo, são eles que estão a inventar. Não é por acaso que um deles afirmou, recentemente: 'Nós não sabíamos que sabíamos. Agora, não só sabemos que sabíamos, mas sabemos que podemos saber mais.'"

É evidente, na experiência de Sedengal, que a alfabetização de adultos, enquanto ação cultural, possibilitando a descoberta do coletivo, terminou por engajar a população na prática do trabalho em comum. É evidente, também, que se vem estabelecendo aquele movimento dinâmico, a que me referi no início, entre as atividades nos Círculos de Cultura e a ação produtiva desenvolvida na "horta" coletiva. O que não se pode esperar, porém, no caso de Sedengal, é que o movimento dinâmico entre os Círculos de Cultura e a prática produtivo-coletiva seja capaz, em si, de sobrepassar um problema fundamental, de caráter linguístico, que tem a população. E que, entendendo o creoulo, um pouco, fala mesmo é sua língua, sem ter nenhuma experiência do português. Este é, na verdade, um real problema, que se põe, não apenas com relação a Sedengal, mas a outras áreas do país. Problema que foi colocado na última reunião da Comissão Nacional de Alfabetização, em março, pelo comissário Mário Cabral.

Uma compreensão correta das dificuldades que tem o Comissariado de Educação da Guiné-Bissau, ao confrontar o problema da alfabetização de adultos, não pode deixar de levar em consideração este dado, a que se junta um outro, sobre que nem sempre se pensa — o da diferença demasiado grande entre o número dos que não leem nem escrevem e o daqueles que o fazem. Um dos legados do colonialismo, depois de cinco séculos de "trabalhos profícuos" na Guiné, foi deixar 90 a 95% de sua população iletrada.

De qualquer maneira, porém, nas zonas onde o bilinguismo e mesmo o trilinguismo tem, no creoulo, uma das línguas, o aprendizado do português, ainda que não isento de dificuldades, se dá sem obstáculos mais sérios. O caso das FARP, em cujo seio já não há hoje, praticamente, analfabetismo, é significativo.

A impressão que me fica, sem nenhum dogmatismo, refletindo sobre a experiência de Sedengal, é que o dinamismo entre os Círculos de Cultura e a atividade produtivo-coletiva continuará, mas, em certo momento, em face mesmo das dificuldades encontradas, o interesse pelo aprendizado do português diminuirá mais e mais. Se isto ocorrer, o que não significará nenhum desastre, não há por que a Comissão Coordenadora diga um "até logo" triste, de quem se sentisse frustrado, a Sedengal. A sua tarefa de Ação Cultural continuará. O domínio da linguagem, enquanto "linguagem total", da expressividade, permanecerá. A experiência de Sedengal simplesmente se afirmará noutro sentido, já evidente hoje: no da "leitura" e no da "re-escritura" da realidade, sem o aprendizado da escrita e da leitura dos signos linguísticos.

Quanto às atividades nas FARP, me parece interessante fazer também referências que atualizem o que sobre elas foi dito na introdução. Considerações fundadas sobretudo na análise que destas atividades nos fez o seu comissário político, Júlio de Carvalho, em uma reunião que tivemos com ele e seus auxiliares imediatos. Em alguns pontos bem precisos se centram as preocupações hoje dos responsáveis pelos trabalhos educativos no seio das FARP. O prosseguimento de sua experiência de pós-alfabetização, cujo processo deve ir sendo avaliado constantemente, é um destes pontos.

Só recentemente, porém, é que foi possível intensificar, sobretudo na zona de Bissau, o programa da pós-alfabetização ao se poder contar com o indispensável material de suporte que assegurará a sua extensão a outras zonas do país. Refiro-me aos cadernos básicos, ou manuais — um com orientações, informações e sugestões dirigidas aos animadores; o outro, com textos cuja temática, ao ser analisada e discutida, possibilita o aprofundamento da "leitura" crítica da realidade nacional, iniciada na fase de alfabetização e se alonga na compreensão da realidade africana. Esforço a que se junta, como não poderia deixar de ser, o estudo desenvolvido do cálculo.

É importante sublinhar a participação que tiveram os alfabetizandos na organização deste manual. A grande maioria dos textos resultou de gravações dos debates realizados nos Círculos de Cultura, durante a descodificação de situações a que se referiam as palavras geradoras. O trabalho da equipe responsável foi o de editar, o de organizar, o de sistematizar, numa linguagem que não se distanciasse demasiado da dos alfabetizandos, o material recolhido. Desta maneira, se tentava, com o manual, devolver aos educandos, de forma organizada, as suas análises anteriores, em forma de textos, verdadeiras codificações, acrescidas de novos elementos. Ao serem "convidados", na pós-alfabetização, à análise crítica desses textos, estariam, em última instância, analisando a síntese de suas análises passadas.

Por outro lado, não se prescindiu, também, da contribuição de todos os alfabetizadores (animadores) da zona de Bissau, com quem, em grupos, a equipe responsável discutiu texto por texto. Deste modo, na própria etapa de organização do chamado manual, os animadores, ao discutir os textos, não só do ponto de vista da forma, mas também de seu conteúdo, já estavam envolvendo-se num processo de capacitação para a próxima etapa de sua tarefa. Tarefa em que o animador terá, preponderantemente, o texto de leitura entre ele e os educandos como um desafio à análise de todos. E um dos riscos será o de, na leitura do texto, não se conseguir ultrapassar a "estrutura de superfície" do mesmo, transformando-se, assim, o que deveria ser o esforço de penetração na "estrutura profunda" do texto, em uma simples "lição de leitura", nos moldes tradicionais. Daí que se imponha uma capacitação bastante cuidadosa do animador, capacitação a ser reforçada constantemente em seminários de avaliação de sua própria prática.

No domínio ainda da pós-alfabetização, no seio das FARP, há uma experiência em curso, com conotação distinta, e em estreita colaboração com o Comissariado de Educação. Trata-se de um projeto especial, que envolve duzentos militantes das FARP, cujos primeiros ensaios da leitura e da escrita se deram durante a luta de libertação, no interior das matas. Participando, desde os começos, do programa de alfabetização das Forças Armadas, iniciado após a independência total do país, estes duzentos militantes reavivaram o seu aprendizado feito durante a luta, passando em seguida ao que, nas FARP, se costuma chamar de "transição à pós-alfabetização".

"O projeto", diz Júlio de Carvalho, "em colaboração com o Comissariado de Educação, tinha, como ponto de partida, uma avaliação, de modo nenhum de estilo tradicional, que nos possibilitasse aferir o universo de conhecimentos daqueles camaradas, a sua compreensão de nossa realidade e da realidade africana em geral, os níveis de sua consciência política e a maneira como entendiam a sua responsabilidade no esforço de reconstrução nacional. Após a avaliação, cujos resultados foram satisfatórios, os duzentos camaradas começaram a participar de um curso intensivo, com a equivalência do ciclo preparatório, cujo programa, porém, ultrapassa, em certos aspectos, os conteúdos que se desenvolvem neste ciclo."

Com este projeto se chega ao segundo ponto em que as preocupações das FARP se centram, coincidentemente, com as do Comissariado de Educação. O de encontrar, no campo da educação de adultos, caminhos válidos, portanto adequados à realidade do país, que assegurem aos militantes das FARP a continuidade do ato de conhecimento que iniciaram na etapa da alfabetização. Caminhos que assegurem esta continuidade quer àqueles que continuem na ativa, quer àqueles que, desmobilizados, se incorporem à atividade produtiva, ora no setor agrícola, ora no industrial. E este, o da reorientação das atividades dos militantes a serem desmobilizados, é o terceiro ponto em que se fixam as preocupadas FARP, ou, mais precisamente, do Partido e do Governo.

"O grosso dos que vão ser desmobilizados agora", diz ainda Júlio de Carvalho, "será encaminhado à atividade produtiva no campo. Em função de nossa realidade, a agricultura se constitui no domínio principal, mas há também pequenas e médias unidades industriais, como, por exemplo, o plano do açúcar, para o qual está previsto o enquadramento de um determinado número de camaradas que serão desmobilizados. Neste mês ainda (março) iniciaremos, com um primeiro grupo, uma cooperativa de produção, como uma experiência-piloto. Tudo está mais ou menos previsto para, tanto quanto possível, realizarmos a unidade entre produção e educação, trabalho e estudo. Neste sentido, preocupa-nos, intensamente, a capacitação dos quadros para o tratamento da terra, para os trabalhos de agricultura — plantação da cana, de árvores frutíferas, do arroz. Assim, trabalharemos, ao nível desta cooperativa de produção, em estreita colaboração com o Comissariado de Agricultura, com o de Saúde, com o de Educação. Com este, pretendemos criar escolas na área da cooperativa para crianças e jovens, escolas ligadas também à produção, de acordo com o espírito do PAIGC e que o Comissariado de Educação vem executando ao nível do país.

"Esta será", conclui Júlio de Carvalho, "uma experiência que até o fim do ano, espero, nos poderá oferecer um modelo a ser aproveitado em outras áreas do país, com as devidas adequações que cada caso exija".

Voltando à alfabetização de adultos, enquanto ação cultural, mas nas áreas civis, entre tudo sobre o que discutimos com a comissão coordenadora em nossa última visita, deixando de lado referências a outras experiências, à necessidade que todos sentimos de apressar certas iniciativas, me fixarei num ponto a mais, além das análises feitas sobre Sedengal. O da preparação, não propriamente de uma cartilha, que sempre recusei e a que dediquei, na introdução mesma deste livro, umas páginas críticas, mas de um caderno do alfabetizando, que, por sugestão do comissário Mário Cabral, se chama *Nô Pintcha: primeiro caderno de educação popular*. Um caderno que, idêntico, em espírito, ao que sugerimos também Elza e eu à Comissão Coordenadora dos Círculos de Cultura Popular de São Tomé e Príncipe, tem, contudo, aspectos próprios, em função da realidade guineense.

Com duas partes ou dois momentos dinamicamente relacionados entre si, na composição de seu todo, o *Primeiro caderno de educação popular* tem três objetivos principais, igualmente entrelaçados. Oferecer aos alfabetizandos uma ajuda, um suporte que lhes dê maior segurança no processo de sua aprendizagem, estimulando-lhes, ao mesmo tempo, a criatividade. Possibilitar-lhes uma transição mais fácil e mais rápida à pós-alfabetização, e ajudar os animadores na sua tarefa político-pedagógica.

Analisemos, um a um, os dois momentos do *Caderno*. O primeiro deles é o em que os alfabetizandos começam as suas primeiras experiências na aprendizagem da leitura e da escrita dos signos linguísticos, associada à "leitura" e à "re-leitura" de aspectos da realidade, representados nas codificações. É um momento em que se deve dar a maior ênfase possível, na descodificação da codificação, a que se refere a palavra geradora, à expressão oral dos alfabetizandos, ao lado da análise crítica da situação codificada.

Esta primeira parte do *Caderno* contém, pois, todas as palavras geradoras, no caso da Guiné-Bissau, vinte, associadas às codificações correspondentes. Da primeira até a nona palavra não há, porém, nada mais que a codificação, a palavra geradora a ela referida e, em seguida, a palavra decomposta em suas sílabas, após o que, invariavelmente, há duas folhas pautadas em branco. Estas folhas são um convite à criatividade dos alfabetizandos, que nelas irão escrevendo, a princípio, as palavras que eles mesmos vão criando, através das combinações silábicas; depois, a pouco e pouco, frases e sentenças. Seus pequenos textos.

Assim, há um tempo necessário à experiência criadora dos alfabetizandos, engendrando-se na prática da "leitura" de aspectos de sua realidade no ato da descodificação, bem como na prática da análise da palavra geradora — sua decomposição em sílabas — e no momento da síntese em que, pela combinação silábica, retotalizam a palavra geradora antes decomposta e descobrem suas palavras. É neste sentido que a alfabetização, como ação cultural numa perspectiva revolucionária, é um ato de conhecimento, de que os alfabetizandos são também sujeitos.

Desta forma, somente entre a nona e décima palavra geradora é que aparece o que chamo de "primeiro livro" do alfabetizando, mesmo que esta expressão não venha escrita no *Caderno*. É um pequeno texto, simples e direto, composto de palavras entre as quais nenhuma é estranha às possibilidades de combinações que as nove palavras geradoras oferecem. Em última instância, este texto simples, escrito em linguagem acessível, é também uma codificação. E como tal é que deve ser tratado. Não está posto no caderno para um puro exercício de leitura, à maneira das tradicionais "lições de leitura". Um texto para ser memorizado, com a repetição monótona de cada palavra. Pelo contrário, o que se pretende com ele é o exercício, no caso, o primeiro que os alfabetizandos estarão fazendo, de uma leitura crítica e compreensiva, que ultrapassando a sua "estrutura superficial" alcance, a pouco e pouco, sua "estrutura profunda", com a qual se estabelece a relação entre o texto e o contexto social.

Até então, terão feito os alfabetizandos, preponderantemente, a "leitura" da realidade através da descodificação de fotos e desenhos. Agora, serão chamados a fazer a "leitura" da realidade através da leitura de um texto. Daí a necessidade de uma séria atenção a ser dada à interpretação do mesmo, que deve ser "re-escrito", oralmente, pelos alfabetizandos.

Da décima à décima quarta palavra geradora, o mesmo procedimento anterior. Codificação, palavra geradora a ela referida; palavra geradora decomposta e as duas folhas pautadas em branco.

Apoiados na experiência criadora que vêm tendo, desde o início das atividades do círculo, a de criar suas palavras, e estimulados pela leitura do primeiro texto, será possível, a esta altura, que alguns alfabetizandos, pelo menos, comecem a escrever, nestas folhas em branco, não mais apenas palavras, mas pequenos textos também. E devem ser motivados a fazê-lo.

Entre a décima quarta e a décima quinta palavra geradora, o segundo texto, um pouco maior e menos simples que o primeiro, a merecer a mesma leitura crítica, a ser objeto igualmente de interpretação e a ser, tanto quanto o primeiro, "re-escrito", oralmente, pelos alfabetizandos.

Com o domínio, agora, de catorze palavras e a experiência, mesmo ainda em seus começos, da leitura feita dos dois textos, uma série de exercícios criadores, a serem inventados e re-inventados, constantemente, e em função da realidade em que se ache o círculo, podem ser introduzidos. Um deles, por exemplo, a que alfabetizandos de Bissau ou de outro centro urbano poderiam dedicar-se, seria o de transcrever, em seu *Caderno*, as palavras de ordem do Partido, registradas em cartazes ou simplesmente escritas nos muros da cidade, a que se juntaria, também, a transcrição de trechos do jornal *Nô Pintcha*. Este material, recolhido pelos alfabetizandos e pelo animador, após lido, seria objeto, na reunião do círculo, da análise de todos.

Desta maneira, cada vez mais se irá integrando a "leitura" da realidade, na descodificação das codificações representadas em fotografias ou desenhos, com a leitura de textos em sua relação com o contexto e ambas estas leituras com a prática da escrita. Seria da mais alta importância, por outro lado, a partir da motivação que o *Caderno* tem condições de criar, que se estudasse a possibilidade de uma colaboração estreita entre a comissão coordenadora, o jornal *Nô Pintcha* e a Rádio Nacional. Um tipo de colaboração como a que se vem estudando, no momento, em São Tomé e Príncipe.

A existência, no jornal, de uma página, a serviço dos Círculos de Cultura, à disposição de seus participantes, alfabetizandos e animadores ou animadoras, teria um enorme papel a jogar. Página em que se noticiasse o que vem ocorrendo nos círculos, os avanços, as dificuldades dos alfabetizandos, as soluções encontradas para algumas delas; em que se publicassem pequenos textos escritos pelos alfabetizandos bem como sínteses das discussões em torno de certos temas de interesse nacional. Uma tal página daria um duplo suporte aos alfabetizandos no exercício de leitura que seu caderno lhes oferece. De um lado, algo mais para ler; de outro, algo que não apenas falaria deles, mas através de que eles falariam.

Quanto à rádio, há um mundo de possibilidades a serem exploradas. Desde programas que levassem ao ar trechos de debates realizados nos círculos, à maneira de como foi feito, em caráter experimental, em dezembro passado, em São Tomé, e sobre cujo conteúdo membros da Comissão Coordenadora poderiam debruçar-se, analisando-o, até a criação de um programa vivo e dinâmico, através do qual se tentasse motivar os ouvintes a organizar, em suas casas, em suas ruas, em seu bairro, Círculos de Cultura.

"Um Círculo de Cultura em sua casa", programa inicialmente transmitido da rádio mesma, poderia, em função da motivação dos ouvintes, deixando a rádio e deslocando-se aos diferentes bairros da cidade (no caso de Bissau), ser transmitido, ora da sede de um círculo, ora da sede do comitê do Partido. Um tal programa poderia vir a ter um indiscutível papel na formação política da população.

Dois textos aparecem ainda na primeira parte do *Caderno*. Dois textos de Amílcar Cabral. O primeiro, entre a décima oitava e a décima nona palavra geradora; o segundo, sobre a unidade da Guiné e de Cabo Verde, após a vigésima e última palavra, encerrando, assim, a primeira parte do *Caderno*.[27]

O segundo momento deste, em dinâmica relação com o primeiro (aprofundando a experiência que nele tiveram os alfabetizados da associação entre a "leitura" crítica da realidade e a leitura de textos em sua relação com o contexto, a que juntaram a da escrita), os situa, claramente, na transição à pós-alfabetização.

[27] É importante salientar também a existência, por sugestão de Miguel Darcy de Oliveira, da equipe do IDAC, na primeira parte do *Caderno*, de quatro páginas entre as em que se acham as palavras geradoras, tendo apenas os lugares indicados para a codificação e as famílias silábicas da possível palavra geradora que venha a ser necessária, em função da realidade onde esteja localizado um ou outro Círculo de Cultura. Caberá, toda vez que uma tal situação ocorra, ao animador ou animadora e aos alfabetizandos e alfabetizandas preencher os quadrados em branco com a codificação e as palavras geradoras mais adequadas.

Deixarei de falar aqui nos aspectos mais metodológicos que tudo isto implica. Nos exercícios de fixação, de reconhecimento, de superação de algumas dificuldades encontradas durante o ato de conhecimento iniciado pelos alfabetizandos desde o seu encontro com a primeira palavra geradora. Exercícios que devem ir sendo realizados na medida em que os educandos, já agora lendo e escrevendo, começam a nova etapa de sua busca.

Em síntese, a segunda parte do *Primeiro caderno de educação popular*, que é introduzida por um texto curto, dois ou três períodos, objetivo e motivador, consta de oito codificações, sem, obviamente, nenhuma palavra geradora, pois que já não é o caso, às quais se seguem páginas pautadas em branco e quatro textos de Amílcar Cabral, extraídos de seu trabalho sobre formas de resistência — a econômica, a política, a armada e a cultural.

As oito codificações, fotografias, algumas das quais de real beleza, giram em torno de oito "temas geradores" nacionais — o da produção, o da defesa, o da educação, sistemática e assistemática, o da saúde, o da cultura, no sentido mais amplo da palavra, o do papel dos trabalhadores, camponeses e urbanos, das mulheres e da juventude no esforço da reconstrução nacional.

Os textos de Amílcar Cabral, sobre cuja importância não é necessário insistir, se acham intercalados às codificações, sem aparecer, porém, como se fossem suas descodificações. Estas serão feitas pelos alfabetizandos com a participação do animador ou animadora. Primeiro, oralmente; depois, por escrito, para o que aproveitarão as páginas em branco que se seguem às codificações. Pretende-se, com esta prática, na transição à pós-alfabetização, continuar a aprofundar e diversificar, mais e mais, como antes sublinhei, o ato de conhecimento iniciado na alfabetização e, simultaneamente, intensificar o estímulo à expressividade oral e escrita dos educandos.

Ao mesmo tempo, porém, pode-se imaginar a riqueza do material que se recolherá durante esta fase. Material que revelará não apenas o nível da capacidade dos educandos de expressar-se graficamente, mas também o de sua compreensão da realidade nacional.

Alguns desses trabalhos, que nascerão nos Círculos de Cultura, escritos no *Primeiro caderno de educação popular*, poderão vir a constituir o primeiro volume de uma coleção de textos do Povo, à maneira de como, quase assim, há anos passados, nasceu também do Povo, em Montevidéu, *Se vive como se puede*, um livro bonito e forte. Possivelmente hoje, em Montevidéu, um livro proibido...

É importante sublinhar, ainda, que a montagem deste *Caderno* (de cujos retoques finais quanto à paginação, à organização gráfica, à melhor posição das fotografias, ao tipo de letra a ser usada, Claudius Ceccon, da equipe do IDAC, se encarregou) foi toda ela realizada em Bissau, com a Comissão Coordenadora, que redigiu os dois primeiros textos da primeira parte, o que introduz a segunda e selecionou os de Amílcar Cabral. Terminada a montagem, o projeto do *Caderno* foi submetido ao comissário Mário Cabral e ao Camarada José Araújo, Secretário para a Organização do Partido, a quem caberia a decisão final para a sua impressão.

A este *Primeiro caderno de educação popular*, tudo indica, outros se seguirão, na medida em que os trabalhos avancem e a pós-alfabetização comece a exigi-los.

O aprendizado que as equipes nacionais vão fazer com a posta em prática do *Primeiro caderno* lhes abrirá os caminhos para os que virão.

Não poderia deixar, neste P.S., de dedicar, pelo menos duas páginas, à nossa passagem por Có, onde, durante quase três dias, Elza, Julio de Santa Ana, Régula, uma jornalista suíça, e eu convivemos, fraternalmente, com os sessenta professores estagiários e a equipe de professores efetivos do Centro Máximo Gorki.

Preocupava-me, naquele convívio, testar o que dissera sobre o centro, nas páginas que, na introdução deste livro, escrevera, meses antes, e que trazia comigo. Páginas que re-li, cuidadosamente, durante o tempo do curto convívio.

Foi com satisfação que fui constatando que o fundamental do que havia dito se ia reconfirmando nas entrevistas com a direção, nas visitas ao campo de trabalho agrícola, na algazarra alegre com que, às seis de todas as manhãs, os via entregues à preparação física. Nas idas às tabancas em torno do centro, onde os Círculos de Cultura continuam funcionando, apesar da existência de problemas linguísticos, se bem que não tão agudos quanto os de Sedengal. Nos seminários regulares, vivos e dinâmicos — e não aulas tradicionais — a que assistimos e cujos debates nos impressionaram fortemente. Ao escutar as informações sobre o projeto em que o centro se engajou, recentemente, com a colaboração de outra suíça, Régula também, e que se propõe a investigação de aspectos culturais e históricos da zona, através, inicialmente, de entrevistas com "homens grandes" locais que, ao gravar as recordações de que são depositários, estao gravando a memória coletiva, a memória de seu povo.[28] Ao participarmos de uma reunião plenária, o órgão máximo do centro, em que li algumas das páginas da introdução — as que falavam da experiência de Có —, e após o que houve uma conversa generalizada, cujo tema, a pouco e pouco, se foi fixando na compreensão do centro como uma continuidade da experiência educativa que nasceu e se desenvolveu nas antigas zonas libertadas, durante a luta. Daí, então, na conversa generalizada, o retorno a Amílcar Cabral, de quem mais uma vez falavam, mas a quem, mais uma vez, entendiam como uma presença e não como um mito. Falavam de sua visão extraordinária, de sua capacidade de prever, de seus sonhos, de sua influência, mas recusavam, uma vez mais, seguindo o próprio Amílcar, cultuar sua personalidade.

"Amílcar Cabral não morreu, continua em nós", disse um deles. "Aquilo de que falou está a nascer dia a dia através de nosso trabalho. Muitos dos sonhos que sonhou, sonhos do Povo, sonhos nossos, estão sendo realizados. O inimigo publicou no mundo a morte de Cabral, pensando que assim matava o PAIGC. Mas o PAIGC não morreu. Cabral não morreu. Nós somos todos Cabral."

Reencontrei, em todos os momentos, o mesmo espírito de militância que está presente nas mais mínimas atividades, nas menos como nas mais criadoras. Na limpeza do pátio do centro, como no cuidado, manhã cedo ou sol se pondo, do bananal viçoso e cheio de vida. Na limpeza

---

[28] Pode-se imaginar a importância de um projeto como esse, que enraíza cada vez mais o centro na área em que se acha. Mesmo que, no momento, por diferentes razões, não possa ir mais além da recolha do material, através das entrevistas, mesmo que, direi mais, falte um maior rigor ao próprio processamento das entrevistas, a sua validade é indiscutível.

dos quartos, como no amassar o trigo com que fazem o pão que todos comem. No lavar os pratos e as panelas, como na participação entusiástica nos seminários. O mesmo sentido de equipe, de unidade, em que não há lugar para vedetismos nem privilégios de uns contra os direitos dos demais. A mesma responsabilidade social e política de todos, com relação ao centro, do centro, como um todo, com relação ao Povo, com relação à luta de reconstrução nacional.

Não há melhor maneira de encerrar estas páginas sobre o reencontro recente com o Centro de Có e, com elas, este P.S. um pouco alongado, mas, creio, necessário, do que citando o que de um de seus professores ouvimos numa conversa em que, entre afirmando e indagando, falávamos deste espírito de participação, de disciplina criadora, de militância, que vem caracterizando o centro. "Todos somos responsáveis, *no* Centro e *do* Centro", disse-nos ele, sem mais comentários.

Paulo Freire

Genebra, primavera de 1977

CARTAS À GUINÉ-BISSAU

Escola numa zona libertada. Período da luta de libertação. *(Publicação autorizada pelo Comissariado de Informação e Turismo da República da Guiné-Bissau)*

Escola numa zona libertada. Período da luta de libertação. *(Publicação autorizada pelo Comissariado de Informação e Turismo da República da Guiné-Bissau)*

Escola numa zona libertada. Período de luta de libertação. *(Publicação autorizada pelo Comissariado de Informação e Turismo da República da Guiné-Bissau)*

Vista parcial do Centro de Formação e Recuperação de Professores Máximo Gorki, recreio. Escola de Có, 1977. *(Foto do Centro Audiovisual, Guiné-Bissau)*

Período de luta de libertação. Defesa contra os ataques aéreos. *(Publicação autorizada pelo Comissariado de Informação e Turismo da República da Guiné-Bissau)*

Professores estagiários da escola de Có, campo de produção. *(Foto do Centro Audiovisual, Guiné--Bissau)*

Estudantes do Liceu de Bissau participando do trabalho produtivo. *(Foto do Centro Audiovisual, Guiné-Bissau)*

Estudantes do Liceu de Bissau a caminho do campo para trabalho produtivo. *(Foto do Centro Audiovisual, Guiné-Bissau)*

Vista parcial de um Círculo de Cultura na zona de Có. *(Foto do Centro Audiovisual, Guiné-Bissau)*

Amílcar Cabral com uma criança nos braços. *(Publicação autorizada pelo Comissariado de Informação e Turismo da República da Guiné-Bissau)*

Juramento dos dirigentes do PAIGC no momento da declaração da independência da República da Guiné-Bissau. Medina do Boé, setembro de 1973. Ao centro, o presidente Luiz Cabral. *(Publicação autorizada pelo Comissariado de Informação e Turismo da República da Guiné-Bissau)*

"A luta de libertação, que é a expressão mais complexa do vigor cultural do povo, de sua identidade e de sua dignidade, enriquece a cultura e lhe abre novas perspectivas de desenvolvimento. As manifestações culturais adquirem um conteúdo novo e novas formas de expressão. Tornam-se assim um instrumento poderoso de informação e de formação política, não somente na luta pela independência, mas ainda na batalha maior pelo progresso."

Amílcar Cabral

"...a dinâmica da luta exige a prática da democracia, da crítica e da autocrítica, a crescente participação das populações na gestão de sua própria vida, a alfabetização, a criação de escolas e serviços sanitários, a formação de 'quadros' extraídos dos meios camponeses e operários, e outras tantas realizações que implicam grande aceleração do processo cultural da sociedade. Tudo isso torna claro que a luta pela libertação não é apenas um fato cultural, mas também um fator de cultura."

Amílcar Cabral

Engenheiro Mário Cabral
Comissariado do Estado para Educação e Cultura
Bissau — República da Guiné-Bissau
Genebra, 26/1/1975

Prezado camarada,

Recebi, há poucos dias, uma carta de pessoa ligada à Guiné-Bissau em que me dizia haver tido, recentemente, em Bissau, um encontro com você e com o camarada presidente do Conselho do Estado, no qual se discutiu a possibilidade de uma contribuição a ser dada por uma equipe, de que eu participasse, ao esforço do Governo da Guiné-Bissau no setor da alfabetização de adultos. Sugeria, em seguida, a pessoa referida, que eu lhe escrevesse, iniciando assim uma conversação em torno de como concretizar-se tal contribuição.

Como homem do Terceiro Mundo, como educador com este mundo comprometido, outra não pode ser a minha posição, como a dos companheiros com quem trabalho, senão a de oferecer a contribuição mínima que possamos dar ao povo da Guiné-Bissau.

Considerando, porém, a impossibilidade de uma ida minha, no momento, a Bissau, para discutir pessoalmente as bases de nossa participação, consulto-o se lhe seria possível vir a Genebra por dois ou três dias ou, pelo menos, se algum de seus auxiliares poderia fazê-lo.

Nesse encontro, para o qual estaria livre a partir do dia 19 de abril, discutiríamos não apenas os meios de como viabilizar a nossa contribuição, mas também algumas linhas gerais para um trabalho de alfabetização de adultos na Guiné-Bissau. Alfabetização de adultos que, numa perspectiva libertadora, enquanto um ato criador, jamais pode reduzir-se a um quefazer mecânico, no qual o chamado alfabetizador vai depositando sua palavra nos alfabetizandos, como se seu corpo consciente fosse um depósito vazio a ser enchido por aquela palavra. Quefazer mecânico e memorizador, no qual os alfabetizandos são levados a repetir, de olhos fechados, vezes inúmeras, sincronizadamente: la, le, li, lo, lu; ba, be, bi, bo, bu; ta, te, ti, to, tu, ladainha monótona que implica sobretudo uma falsa concepção do ato de conhecer. "Repete, repete, que tu aprendes" é um dos princípios desta falsa concepção do ato de conhecer.

Na perspectiva libertadora, que é a da Guiné-Bissau, que é a nossa, a alfabetização de adultos, pelo contrário, é a continuidade do esforço formidável que seu povo começou a fazer, há muito, irmanado com seus líderes, para a conquista de SUA PALAVRA. Daí que, numa tal perspectiva, a alfabetização não possa escapar do seio mesmo do povo, de sua atividade produtiva, de sua cultura, para esclerosar-se na frieza sem alma de escolas burocratizadas, em que cartilhas elaboradas por intelectuais distantes do povo — em que pese às vezes sua boa intenção — enfatizam a memorização mecânica a que antes me referi.

A alfabetização de adultos, como a entendemos, se faz uma dimensão da ação cultural libertadora, não podendo ser, por isso mesmo, sequer pensada isoladamente, mas sempre em relação com outros aspectos da ação cultural, tomada em sua globalidade. Discuti-la significa discutir também a política econômica, social e cultural do país. Aliás, foi esta percepção da inter-relação das parcialidades, na constituição da totalidade, um dos pontos que sempre me impressionaram em Amílcar Cabral, bem como sua compreensão crítica do papel da cultura na luta de libertação, que sendo, como ele sublinhou, "um fato cultural, é também um fator de cultura".

Apesar de reconhecer quão difícil lhe deve ser ausentar-se do país por dois ou três dias, tomo a liberdade de insistir em sua vinda pelo que ela representa de fundamental para a concretização de algo que nos apaixona e desafia.

Fraternalmente,
Paulo Freire

Engenheiro Mário Cabral
comissário de Educação e Cultura
Bissau
Genebra, abril, 1975

Prezado camarada Mário Cabral,

Acabo de receber sua carta em que confirma o interesse do Governo por nossa colaboração.

Não creio necessário estender-me dizendo-lhe da satisfação com que a equipe do Instituto de Ação Cultural, IDAC, de que participo, bem como o Departamento de Educação Mundial das Igrejas, onde trabalho, receberam essa confirmação.

Na minha primeira carta já lhe havia expressado o desejo de todos nós de trabalhar com vocês, de dar a nossa contribuição, por mínima que seja, à busca em que necessariamente se encontram de uma nova prática como de uma visão da educação, que responda aos objetivos que a Guiné-Bissau, em processo de re-criação, exige.

Ao retomarmos, agora, após a chegada de sua carta, em termos mais sistemáticos, o trabalho em equipe, com vistas à colaboração referida, de uma coisa estamos convencidos, não apenas em função de nossas experiências anteriores, mas sobretudo devido à nossa opção política, à qual procuramos ser fiéis — a de que nada teremos a ensinar aí se não formos capazes de aprender *de* e *com* vocês. Por isso mesmo é que iremos à Guiné-Bissau como camaradas, como militantes, curiosa e humildemente, e não como uma missão de técnicos estrangeiros que se julgasse possuidora da verdade e que levasse consigo um relatório de sua visita, quando não escrito, já elaborado em suas linhas gerais, com receitas e prescrições sobre o que fazer e como. Receitas e prescrições que seriam, para tal missão, a expressão do conhecimento que seus participantes teriam ganho de suas experiências passadas.

Em nosso caso, pelo contrário, o que as experiências de que participamos ontem, como as em que nos achamos envolvidos hoje, nos ensinam é que elas não podem ser simplesmente transplantadas.

Podem e devem ser explanadas, discutidas e criticamente compreendidas por aqueles e aquelas que exercem sua prática em outro contexto, no qual somente serão válidas na medida em que forem reinventadas.

Desta forma, a prática realizada ou realizando-se no contexto A só se torna exemplar ao contexto B se os que atuam neste a recriam, recusando, assim, a tentação dos transplantes mecânicos e alienantes. É tão errado o fechamento a experiências realizadas em outros contextos quanto a abertura ingênua a elas, de que resulte a sua importação pura e simples. Amílcar Cabral jamais negou a importância das experiências positivas de outros contextos, mas também jamais aceitou a sua imitação.

Deste modo, toda vez que, pessoalmente aí, ou por cartas, façamos referências a aspectos desta ou daquela experiência de que tenhamos diretamente participado ou de que tenhamos informações precisas, a intenção será sempre a de problematizar, a de desafiar.

Porque atuamos e pensamos assim, nas reflexões que fazemos aqui, em equipe, não há lugar sequer para um esboço de projeto no campo de alfabetização de adultos para a Guiné-Bissau. Projeto que deve ser elaborado aí, por vocês, e a cujo desenho e processo poderemos dar nossa colaboração, na medida em que começarmos a conhecer melhor a realidade do país.

Aqui, discutimos, sim, a complexidade da alfabetização de adultos, a impossibilidade de tomá-la em si mesma como se fosse viável realizá-la fora e acima da prática social que se dá na sociedade; a necessidade, por isso mesmo, de associá-la ao projeto global da sociedade que se pretende criar e de que a atividade produtiva é uma dimensão fundamental.

Discutimos, sim, o caráter político da alfabetização, como de toda educação, caráter que demanda dos educadores uma clareza crescente com relação à sua opção política e uma coerência com esta opção, em sua prática.

Pensamos sobre as experiências realizadas pelo povo nas antigas áreas libertadas do país e sob a orientação do PAIGC, no campo da educação, da produção, da distribuição, da saúde. E na educação colonial herdada e que, em contradição total com os objetivos da sociedade que se busca criar, deve ser radicalmente transformada e não simplesmente reformada. Daí que o novo sistema educacional a surgir não possa ser uma síntese feliz entre a herança da guerra de libertação e o "legado" colonial, mas o aprofundamento melhorado e enriquecido daquela. Vale dizer, algo que resulte da transformação radical da educação colonial.

Pensamos também, por outro lado, nas dificuldades que uma tal transformação radical coloca, na medida mesma em que não pode ser fruto de um ato puramente mecânico.

Pensamos ainda no quão negativo seria para a Guiné-Bissau, tendo em vista os objetivos políticos, sociais e culturais que sempre orientaram a prática do PAIGC, a importação de um modelo de escola, chamada superior, de caráter elitista, "formadora" de intelectuais intelectualistas ou de técnicos tecnicistas.

É, pois, como camaradas, conversando sempre francamente com camaradas, que nos dispomos, com humildade, a iniciar a nossa colaboração ao Governo da Guiné-Bissau, através, sobretudo, do Comissariado de Educação e Cultura.

As bases concretas desta colaboração serão discutidas aí, quando de nossa primeira visita. Do diálogo entre vocês e nós, em torno da realidade com a qual teremos tido o nosso primeiro contacto direto, nascerá, então, o programa mínimo que efetivará a nossa colaboração.

Antes, porém, de nossa primeira visita, é possível que ainda lhe escreva, dando conta de nossas atividades em Genebra.

Fraternalmente,
Paulo Freire

Engenheiro Mário Cabral
comissário do Estado para Educação e Cultura
Bissau
Genebra, 28/7/1975

Prezado camarada,

Desde fevereiro passado, quando lhe escrevi, pela primeira vez, falando das possibilidades de uma contribuição do Instituto de Ação Cultural, IDAC, no campo da alfabetização de adultos, a que se junta a do Departamento de Educação do Conselho Mundial de Igrejas, vimos dedicando algum tempo de nossa atividade a uma reflexão em torno do problema.

Na medida em que nós, como sublinhei na carta passada, não nos vemos como especialistas estrangeiros, mas, pelo contrário, nos sentimos comprometidos com a causa da Guiné-Bissau, nos pareceu não só interessante, mas necessário pôr o Camarada a par, pelo menos, de algumas de nossas reflexões. Daí, então, esta carta-relatório que ora lhe faço e que, espero, nos ajudará a todos nas conversas que aí teremos, no próximo mês de setembro.

Nos nossos encontros em Genebra, vimos fixando nossa preocupação sobre três áreas de reflexão, ligadas entre si:

a) a de uma primeira aproximação à realidade da Guiné-Bissau através do estudo de todos os materiais que obtemos, privilegiando a obra excepcional de Amílcar Cabral;

b) a de uma tomada de distância crítica das diferentes experiências de alfabetização de adultos de que participamos, direta ou indiretamente, no Brasil ou em outros países da América Latina, no sentido de pensar e repensar as positividades e negatividades das mesmas. Um tal exercício nos parece frutífero pelos ensinamentos que podemos dele retirar, em face do trabalho a ser realizado na Guiné-Bissau, advertidos, porém, como enfatizei na carta anterior, de que as experiências não se transplantam, se reinventam;

c) a do papel que deve jogar a alfabetização de adultos, enquanto ação cultural, na construção da nova Guiné-Bissau.

Gostaria de insistir, mais uma vez, em que esta carta-relatório não pretende tocar em todos os pontos sobre que temos pensado e discutido nas três áreas acima anotadas. Ela é muito mais uma conversa entre camaradas, daí também que não vá ser tão didática ou sistemática quanto sugere a sua primeira página.

Gostaria ainda de salientar que o clima que caracteriza nossas reuniões de estudo não poderia ser outro senão o da curiosidade crítica, o da busca. Nelas, nos desafiamos, ora ao ler um texto de Amílcar Cabral, procurando decifrá-lo em suas implicações; ora ao retomar diferentes momentos do processo de alfabetização de adultos, em experiências anteriormente vividas.

Em última análise, tais reuniões aqui, tão longe daí, são uma introdução ao nosso aprendizado da Guiné-Bissau, sem um mínimo do qual não será viável a nossa colaboração. Aprendizado que terá, com a nossa ida aí, sua continuidade em termos mais concretos.

Quanto mais re-estudamos a obra teórica de Amílcar Cabral, expressão de sua prática na prática de seu povo, tanto mais nos convencemos de que a ela teremos sempre de voltar. Suas análises do papel da cultura na luta pela libertação não se reduzem ao momento histórico da guerra. Na verdade, aquela luta que era, ao mesmo tempo, como ele dizia, "um fato cultural e um fator de cultura", continua agora, apenas em forma diferente. Ontem, a luta pela libertação perseguia a vitória sobre o colonizador, através da "libertação das forças produtivas" de que resultassem "novas perspectivas ao processo cultural" do país. Hoje, a libertação como processo permanente significa não apenas a consolidação da vitória, mas também a concretização de um modelo da sociedade, já em certo sentido desenhado na etapa da luta.

Este modelo, que é eminentemente político, deve envolver, necessariamente, um projeto cultural global em que a educação, nela incluída a alfabetização de adultos, se insere. Projeto cultural que, sendo fiel, de um lado, às matrizes populares, sem contudo idealizá-las, seja fiel, de outro, ao esforço de produção do país.

Neste sentido, nos parece que uma ação cultural, desde o nível mesmo da alfabetização de adultos, tem muito o que fazer. Referido à luta pela produção, comprometido com o aumento desta produção, o trabalho da ação cultural deve ir mais além, de um lado, da alfabetização meramente mecânica; de outro, da capacitação puramente técnica dos camponeses e dos trabalhadores urbanos. Deve ser uma contribuição fundamental ao aclaramento dos níveis da consciência política do povo. Enquanto numa sociedade capitalista o treinamento técnico da chamada mão de obra qualificada implica necessariamente abafar a consciência política dos trabalhadores, na Guiné-Bissau a produtividade econômica poderá ser tão maior quanto mais clara seja a consciência política das massas populares.

É neste sentido que um Ministério da Educação, não importa em que sociedade, é sempre um ministério eminentemente político. Político, se serve aos interesses da classe dirigente, numa sociedade de classes; político, se serve aos interesses do povo, numa sociedade revolucionária.

Se percebemos a alfabetização numa tal perspectiva, compreendemos como jamais pode ser ela sequer pensada isoladamente ou reduzida a um conjunto de técnicas e de métodos. Isto não significa que métodos e técnicas não sejam importantes. Significa que aqueles e estas estão a serviço de objetivos contidos no projeto cultural que, por sua vez, se encontra envolvido e envolvendo os objetivos políticos e econômicos do modelo de sociedade a ser concretizado. Daí a ênfase que sempre demos nos seminários de capacitação, não aos métodos e às técnicas — mesmo sem desprezá-los —, mas à clareza política dos educadores. Ênfase que se fará tão mais necessária quando se trate de capacitar jovens pequeno-burgueses que não tenham feito ainda o "suicídio de classe" a que Amílcar Cabral se refere e que ele fez de maneira exemplar.

Somente na medida em que os seminários de capacitação promovam a unidade da prática e da teoria, dando ênfase à análise do condicionamento ideológico de classe e à necessidade daquele "suicídio", é que se convertem em verdadeiros contextos de capacitação. Proporcionando a unidade da prática e da teoria eles preparam o "suicídio" que só se dá realmente na comunhão com as classes oprimidas, na luta pela libertação. No caso da Guiné-Bissau, hoje, na luta ainda, sem guerra, com o povo, pela criação da nova sociedade.

Por isso é que, num seminário de capacitação de alfabetizadores na Guiné-Bissau, se nos afigura fundamental discutir com os participantes, antes de analisar dificuldades técnicas de qualquer natureza, certas afirmações de Amílcar Cabral, como as que se seguem:

"Outros oradores tiveram a oportunidade de fazer o perfil e o elogio bem merecido do dr. Eduardo Mondlane. Nós queremos simplesmente reafirmar nossa admiração pela figura de Africano patriota e de eminente homem de cultura que ele foi. Queremos igualmente dizer que o grande mérito de Eduardo Mondlane não foi o de sua decisão de lutar pela libertação de seu povo. Seu mérito maior foi o de haver sabido se integrar à realidade de seu país, o de se identificar com seu povo e se aculturar através da luta que ele dirigia com coragem, sabedoria e determinação."

Ou, em outro momento do mesmo texto, referindo-se, mais uma vez, à necessidade de identificação dos intelectuais com as massas populares:

"Uma reconversão dos espíritos — das mentalidades — se revela indispensável à sua (dos intelectuais) verdadeira integração ao movimento de libertação. Uma tal reconversão — reafricanização no nosso caso", diz ele, "pode se operar antes da luta, mas não se completa a não ser no curso daquela, no contato quotidiano com as massas populares e na comunhão de sacrifícios que a luta exige".

Sem esta "reconversão", sobre que Amílcar Cabral sempre insistiu, não era possível ao intelectual pequeno-burguês, ontem, encarnar a luta de libertação e nela "re-encarnar-se".

Sem esta "reconversão" não será possível, hoje, a jovens urbanos, pequeno-burgueses, participar com os camponeses de um autêntico esforço cultural de que a alfabetização de adultos pode ser um ponto de partida.

Sem esta "reconversão", a tendência do alfabetizador é *alfabetizar* os alfabetizandos, é transmitir-lhes "seus" conhecimentos, sua visão urbanamente deformada. A alfabetização deixa de ser um ato criador e se "burocratiza" na repetição mecânica dos ba-be-bi-bo-bu. Na memorização de palavras, de frases, que quase nunca têm nada que ver com a realidade dos educandos.

"La, le, li, lo, lu; ba, be, bi, bo, bu; ta, te, ti, to, tu, diz o educador da repetição, da memorização enfadonha. Todos comigo!, continua ele. Todos comigo!, mais uma vez. Fechem os olhos! De novo!"

Na sua posição de classe, ideologizado, o educador não percebe, mesmo quando verbaliza uma opção revolucionária, que conhecer não é comer conhecimento, que o ato de ensinar pressupõe o de aprender e vice versa. Desta forma, se arvora em educador do povo sem aceitar ser educando do povo. À sua oralidade revolucionária se contrapõe uma prática alienante, reacionária. A Amílcar Cabral não passaria despercebido este aspecto. Daí que tenha dito que no movimento de libertação "nem tudo o que reluz é necessariamente ouro: dirigentes, políticos — mesmo os mais célebres — podem ser alienados culturalmente".

Em todas as experiências de que participamos, no Brasil e fora dele, tivemos que confrontar este problema.

Observávamos, por exemplo, que no aspecto intelectual os participantes do seminário de capacitação aceitavam totalmente nossas análises em torno da alfabetização de adultos como um ato criador, em que os alfabetizandos, por isso mesmo, deveriam assumir o papel de sujeitos no processo de aprendizagem de sua língua e de expressão de sua linguagem. Entendiam e aceitavam, intelectualmente, que seu papel não poderia ser o de transferidores de conhecimento, como se fosse eles os que soubessem tudo e os alfabetizandos os que nada soubessem. Entendiam facilmente certos procedimentos metodológicos coerentes com esses princípios.

Na prática, porém, muitos deles, condicionados por sua posição de classe, pelos mitos de sua "superioridade" em face dos camponeses e dos operários urbanos, mitos assimilados em sua educação, também de classe, reduziam os alfabetizandos a meros depósitos de "seus" conhecimentos. Em lugar de desafiar os camponeses a fazer a "leitura" de sua realidade, faziam o seu discurso aos camponeses numa linguagem que não era a destes.

Seus erros metodológicos tinham, pois, uma razão ideológica. A correção dos mesmos exigia algo mais que uma insistência sobre os métodos em si mesmos. Exigia a revisão permanente de seu condicionamento ideológico de classe.

Daí a necessidade que tivemos, cada vez maior, de insistir nos seminários de capacitação, na análise da realidade nacional, na clareza política do educador, na compreensão dos condicionamentos ideológicos, na percepção das diferenças culturais, antes mesmo de discutir técnicas e métodos de alfabetização. Daí a necessidade que sentimos, também, de, nos seminários, unir a teoria da alfabetização à sua prática.

Outro problema com que nos defrontamos residia em como conciliar esta necessidade com a exigência de capacitar rapidamente um grande número de alfabetizadores. Terminamos por nos convencer — mesmo que não tenhamos podido generalizar — de que o ideal seria começar capacitando quinze. Quando esses quinze estivessem no meio de sua capacitação, instalaríamos quinze "Círculos de Cultura" com vinte alfabetizandos em cada um. Por outro lado, impunha-se um debate claro com os trezentos alfabetizandos desses quinze Círculos de Cultura sobre a importância de sua contribuição. Eles não viriam aos Círculos de Cultura para receber, passivamente, as "letras", como se fossem um presente que os alfabetizadores lhes fariam. Viriam aos círculos para ajudar também aos alfabetizadores a tornar-se alfabetizadores. Sem eles, este aprendizado não se poderia dar. Desta forma, desde o começo, os alfabetizandos seriam chamados a assumir o papel de sujeitos no processo de sua aprendizagem em que eles, igualmente, ensinavam algo. Ao mesmo tempo este contacto direto dos alfabetizadores com os alfabetizandos no curso de sua capacitação constituía a matéria-prima de uma reflexão crítica sobre sua experiência imediata, alcançando-se assim a unidade entre teoria e prática.

Quando os quinze estivessem chegando ao término — somente aparente — de sua capacitação, começaríamos a de mais quinze. Estes tinham uma vantagem sobre os primeiros — já se iniciavam na unidade da prática e da teoria. Desde o início de sua capacitação, poderiam formar-se observando e refletindo sobre a prática do primeiro grupo. Dias após, mais quinze Círculos de Cultura deveriam ser abertos, com mais trezentos alfabetizandos, com quem se faria a mesma discussão antes referida.

Altamente importante seria a troca de experiência entre os membros do primeiro grupo de alfabetizadores e os do segundo. Entre eles, a equipe de capacitação iria selecionando quadros de capacitadores com os quais se multiplicaria e intensificaria o programa.

Já agora, com trinta envolvidos no trabalho de formação, que é permanente, receberíamos mais trinta, com quem se seguiria o mesmo ritmo descrito. Depois, sessenta, depois cem etc.

Ainda que não tenha sido generalizada esta prática, ela foi positiva onde pudemos segui-la.

Um outro ponto sobre que nos temos detido também em nossa reflexão em Genebra é o que se refere ao aproveitamento, tanto quanto a realidade nos permita, de pessoal local para o trabalho de educação popular. Algumas das melhores experiências de alfabetização de adultos que vi no Chile e de que participei tinham como educadores jovens camponeses que, devidamente capacitados, revelavam uma indiscutível eficiência. Trabalhavam no campo, participando do esforço da produção, que não era, para eles, algo vago. Era um grupo de jovens que não sonhavam com urbanizar-se. Seus sonhos se identificavam com os de sua comunidade.

Apoiado nas experiências de que participei e na análise de outras de que não participei — mesmo que reconheça que as experiências não se transplantam, se reinventam — não temo dizer que, na hipótese de não poder contar:

I - com camponeses que pudessem ser rapidamente capacitados, como no caso chileno, para o trabalho de alfabetização,

II - com jovens urbanos capazes de cometer o "suicídio de classe" e de "saber integrar-se a seu país e se identificar com seu povo",

preferia dedicar algum tempo à capacitação mais demorada de camponeses para que se tornassem educadores autênticos de seus camaradas.

Finalmente, entre outros tantos aspectos que vêm sendo discutidos por nós e a que não fiz referência na carta de hoje, há um outro que nos preocupa: o linguístico. Preferimos, contudo, discuti-lo pessoalmente, tal a sua complexidade.

Aguardamos a vinda da camarada Edna Pereira a partir do dia 20 de agosto. Peço-lhe, por favor, confirmar o dia de sua chegada.

Com o abraço cordial de
Paulo Freire

Engenheiro Mário Cabral
Comissariado do Estado para Educação e Cultura
Bissau
Genebra, agosto, 1975

Camarada Mário Cabral,

Umas poucas palavras, apenas para dizer-lhe o quanto nos pareceu fundamental o nosso encontro, aqui, com o camarada Teobaldo, em substituição à camarada Edna que, por motivos superiores, não pôde vir como era esperado.

Impressionou-nos a segurança com que respondia às nossas indagações, não apenas em torno das atividades desenvolvidas no setor da educação, da produção, da distribuição e da saúde, nas antigas áreas libertadas da Guiné-Bissau, mas também sobre o que se vem procurando fazer hoje na fase de reconstrução nacional.

Estamos certos de que as conversações que mantivemos com ele, durante quatro dias, nos ajudaram imenso em nossa preparação para a visita que faremos ao país no próximo mês.

Estas conversações se converteram, em última análise, pela riqueza de informações que delas retiramos, numa espécie de coroamento aos estudos sistemáticos que vimos fazendo, desde fevereiro passado, como introdução a nosso primeiro contacto direto com a realidade da Guiné-Bissau.

Nestes dias, você estará recebendo uma carta do IDAC em que fazemos algumas sugestões para a organização do nosso programa de trabalho com vocês, aí, em setembro.

Fraternalmente,
Paulo Freire

Engenheiro Mário Cabral
Comissariado do Estado para Educação e Cultura
Bissau
Genebra, outubro, 1975

Camarada Mário Cabral,

Recém-chegados daí, escrevo-lhe não apenas para agradecer, mais uma vez, a você e aos camaradas com quem trabalhamos durante nossa visita, a maneira fraterna como nos acolheram, mas também para re-afirmar a satisfação que tivemos de, em diálogo com vocês, estabelecer as bases para a contribuição mínima que daremos ao Comissariado de Educação da Guiné-Bissau. O nosso convívio com vocês e o primeiro contacto direto com a realidade do país solidificaram em nós o sentido de compromisso com que viajamos para aí. É preciso dizer, porém, que, na verdade, somos nós os que lhes agradecemos pela possibilidade que nos dão de trabalhar com vocês, como camaradas, participando do esforço de re-criação da Guiné-Bissau.

Não seria demasiado dizer também o quanto nos emocionamos, Elza e eu, ao assistirmos aos debates em um dos Círculos de Cultura das FARP, em que os participantes, escrevendo no quadro-negro palavras e frases, discutiam, lucidamente, a temática a elas referida.

Sabíamos que estávamos num Círculo de Cultura das FARP em Bissau, mas, em certo sentido, era como se estivéssemos no Brasil de anos passados, aprendendo de e com os alfabetizandos e não apenas a eles ensinando.

Emocionava-nos o que escutávamos, o que víamos, mas não nos surpreendia a clareza política revelada nos debates. A mesma clareza com que as equipes do Comissariado de Educação discutiram conosco a problemática geral da educação. Clareza que tende a fazer-se maior na medida mesma em que essas equipes, sem se perderem em "especialismos", se experimentem na confrontação dos problemas a serem resolvidos.

Sabemos todos, vocês e nós, o muito que se tem por fazer, no sentido de colocar a educação nacional ao serviço da nova sociedade que se pretende criar. Sabemos todos, vocês e nós, que tal empenho, que não resulta de um ato mecânico, implica a radical transformação do sistema de educação colonial, sem o que se frustrará o projeto da nova sociedade.

A toda esta temática fundamental, objeto de nossas discussões aí, teremos sempre de voltar. É que, na verdade, como sublinhei na primeira carta que lhe fiz, não podemos discutir a alfabetização de adultos em si mesma.

De fato, pouco estaríamos fazendo se, realizando um trabalho de alfabetização de adultos, em si correto, preservássemos, porém, como você salientou na última reunião que tivemos aí, "um sistema educacional de caráter elitista e verbalista".

O muito que há por fazer é, porém, um desafio a cuja resposta, com vocês, procuraremos nos dar de forma realmente engajada.

Em pouco tempo mais, espero, estaremos escrevendo-lhe para comunicar-lhe, então, os resultados das conversações entre o IDAC e a Commission on Churches's Participation in Development, que se interessa em financiar o programa que elaboramos juntos em Bissau.

Vai aqui o abraço amigo para todos vocês de
Paulo Freire

Genebra, 26/11/1975

Prezado camarada Mário,

Antes mesmo que nos chegue sua resposta à carta que lhe fizemos, assinada por toda a equipe, e em que, ao comunicar-lhe a obtenção do financiamento que viabiliza o nosso trabalho comum na Guiné-Bissau, lhe propúnhamos o próximo mês de fevereiro para a nossa primeira visita no ano de 1976, escrevo-lhe de novo. Agora, para dar-lhe algumas notícias em torno do que estamos fazendo em Genebra, tendo em vista o nosso trabalho comum na Guiné.

Continuamos os nossos estudos em equipe — duas reuniões semanais, além do tempo que cada um toma sozinho — aprofundando a compreensão da problemática guineense, ao mesmo tempo que pensamos na preparação de certo tipo de material que lhes possa ser útil, material, porém, que deve ser testado por vocês. Por outro lado, estamos colecionando documentação sobre alfabetização de adultos que iremos remetendo ao Comissariado.

Há um interesse crescente na Europa por tudo o que ocorre na Guiné-Bissau e em Cabo Verde. Em diferentes oportunidades, em Paris, Estocolmo e Genebra, membros da equipe têm falado dos planos de trabalho que aí se desenvolvem.

A carta, cuja cópia lhe envio, é uma das várias que estaremos encaminhando à equipe de Bissau. Embora reconheça o trabalho enorme de vocês, seria, contudo, formidável se a equipe pudesse acelerar os estudos sobre o manual do animador e se dedicasse a fundo à preparação do material, objeto da carta em anexo.

Não sei se seria muito pedir-lhe que encontrasse um tempinho para debater com a equipe o conteúdo da carta, discutindo os meios mais rápidos para a produção do material de que ela trata.

Um abração para você, para a camarada Beatriz, para todos os camaradas amigos, carinhos para Pansau lhes mandamos todos,

Paulo Freire

Genebra, 26 de novembro de 1975 (Carta nº 1 à equipe)

Camaradas Mônica, Edna e Paulo,

Em nossa carta anterior ao camarada Mário Cabral, em que dávamos notícias concretas em torno das gestões feitas aqui para a continuidade do nosso trabalho comum, dizíamos que outras cartas se sucederiam àquela a propósito de pontos específicos do programa de ação, ora por um, ora por outro de nós.

A que ora lhes escrevo estará diretamente ligada ao material necessário para o uso dos projetores que serão remetidos diretamente a Bissau, juntamente com gravadores para o registro dos debates nos Círculos de Cultura.

O material referido deve ser usado em "Círculos de Cultura" cuja localização obviamente lhes cabe decidir, de acordo com o que a realidade aí lhes indique. Cremos, contudo, que seria interessante realizar a experiência não apenas no seio das FARP, mas também numa área popular de Bissau, com alfabetizandos civis. Desta forma, poderíamos comparar os resultados, não apenas do ponto de vista da aprendizagem da leitura e da escrita — mais rápida, menos rápida —, mas também o conteúdo dos discursos de ambos esses grupos — os níveis mais ou menos críticos de percepção da realidade local e nacional, por exemplo.

A preparação do material para os projetores vai exigir-lhes algo mais do que vocês já estão fazendo de maneira correta no campo da organização do conteúdo programático para a alfabetização. É que, até o momento, vocês fizeram a seleção das palavras geradoras tendo em vista não só a riqueza sociológica e política das mesmas, mas também a sua estrutura fonética. O uso dos projetores vai requerer agora a preparação de codificações em que serão inseridas as palavras geradoras.

Antes de prosseguir nesta carta, gostaria de sublinhar, num parêntese, que as considerações teóricas que nela farei e que resultam da reflexão crítica sobre a minha prática e a prática de outros que tenho analisado ao longo destes anos não têm nenhum caráter dogmático. Vocês não apenas podem, mas devem recriar o que tem sido feito no campo da alfabetização de adultos, onde há um mundo de coisas a serem pensadas e repensadas.

Voltando ao problema da codificação, em que se inserem as palavras geradoras, talvez fosse útil tomá-la, agora, como objeto de uma análise crítica, discutindo-se sobretudo o seu papel numa prática educativo-libertadora. Quando digo numa prática educativo-libertadora, estou ressaltando a impossibilidade de codificação neutra (como de descodificação), o que vale dizer que uma prática educativo-dominadora se serve igualmente de codificações cuja constituição e objetos se distinguem dos daquela e diante dos quais os educandos são chamados a assumir uma postura diferente.

Talvez seja interessante também, em lugar de partir de uma definição — algo sempre difícil de ser feito — da codificação, tentar sua compreensão através da reflexão que façamos em torno do quefazer educativo em que nos engajamos, iluminados pela opção política que temos, de natureza revolucionária.

Considerando que a educação, a ação cultural, a animação, não importa o nome que se dê a este processo, implica sempre, ao nível da alfabetização ou da pós-alfabetização, uma certa teoria do conhecimento posta em prática, uma das primeiras questões que nos temos de colocar diz respeito a essa teoria mesma, ao objeto a ser conhecido (que constitui o conteúdo programático da educação, na alfabetização ou na pós-alfabetização) e ao método de conhecer.

Em primeiro lugar, a teoria do conhecimento a serviço de um objetivo revolucionário e posta em prática pela educação se constitui na constatação de que o conhecimento, sempre processo, resulta da prática consciente dos seres humanos sobre a realidade objetiva que, por sua vez, os condiciona. Daí que entre aqueles e esta se estabeleça uma unidade dinâmica e contraditória, como dinâmica e contraditória é a realidade também.

Do ponto de vista de uma tal teoria — e da educação que a põe em prática — não é possível:

dicotomizar prática de teoria;

dicotomizar o ato de conhecer o conhecimento hoje existente do ato de criar o novo conhecimento;

dicotomizar ensinar de aprender; educar de educar-se.

Por outro lado, o método coerente com esta teoria do conhecimento, tal qual o objeto a ser conhecido — a realidade objetiva — é dinâmico também.

Ao dar-se na prática social em que se acham dinamicamente relacionados:

I) a luta pela produção,

II) os conflitos de classe,

III) a atividade criadora, a educação, numa tal perspectiva, é o processo em que, tomando-se a prática social de que ela é uma dimensão, como objeto de conhecimento, procura-se não apenas conhecer a razão de ser daquela prática, mas ajudar, através deste conhecimento que se irá aprofundando e diversificando, a direção da nova prática, em função do projeto global da sociedade.

É no aprofundamento e na diversificação, jamais "especialisticista", focalista, deste conhecimento que se acha o ponto de partida do equacionamento da pós-alfabetização. Esta não é, por isso mesmo, um momento separado da alfabetização, mas a sua continuidade enquanto ato de conhecimento também. Neste sentido, a pós-alfabetização acha-se anunciada na alfabetização. Nesta, o aprendizado da leitura e da escrita, associado ao necessário desenvolvimento da expressividade, se faz com o exercício de um método dinâmico, com o qual educandos e educadores buscam compreender, em termos críticos, a prática social. O aprendizado da leitura e da escrita envolve o aprendizado da "leitura" da realidade através da análise correta da prática social.

Nesta fase, contudo, ao se discutirem aspectos daquela prática, os da produção, por exemplo, já é possível tocar em pontos de caráter técnico enquanto a seu como.

Na pós-alfabetização, a leitura da realidade social continua, de forma aprofundada, já agora, porém, associada a um saber fazer especializado, de natureza técnica, a que se junta um maior domínio da linguagem, um conhecimento mais agudo da organização econômica e social da história, da geografia, da matemática etc., etc.

Havíamos falado antes da impossibilidade de separar a prática da teoria, o que leva a sociedade que busque viver a unidade radical entre elas a superar a dicotomia entre trabalho manual e trabalho intelectual, de que resulta um modelo de educação totalmente diferente. Modelo em que a escola, qualquer que seja o seu grau — primário, secundário ou universitário — não se distingue essencialmente da fábrica ou da prática de um campo agrícola nem a elas se justapõe. E mesmo quando a escola exista fora da fábrica ou da atividade prática do campo agrícola, isto não significa, primeiro, que ela seja uma instância superior a elas; segundo, que a fábrica e a atividade prática do campo agrícola não sejam em si escolas também. É que, numa visão dinâmica, a da unidade entre prática e teoria, a escola, dentro ou fora da fábrica, não se define como instituição burocraticamente responsável pela transferência de um saber seleto, mas como um polo ou um momento daquela unidade. Assim, qualquer que seja o lugar em que, tomando distância do contexto concreto, onde uma certa prática se realiza, exercemos uma reflexão crítica sobre a prática, temos nele um contexto teórico, uma escola, pois, no sentido radical que a palavra deve ter.

Agora, podemos começar a falar das codificações de que precisamos para o uso dos projetores e cuja preparação deve ser feita aí por vocês. Elas são representações de aspectos da realidade; expressam "momentos" do contexto concreto. Neste sentido, de um lado, fazem a mediação entre esse contexto e o contexto teórico, no nosso caso, o "Círculos de Cultura". De outro, fazem a mediação entre o educador e os educandos, como sujeitos que buscam conhecer. Por isso é que a codificação, nesta visão dinâmica, não é uma simples ajuda de que o educador se serve para "dar" uma aula melhor, mas é, ao contrário, um objeto de conhecimento que o desafia e aos educandos.

De acordo com o canal de comunicação a ser usado, a codificação pode ser:

a) visual
b) auditiva
c) táctil
d) audiovisual — uso simultâneo do canal visual e auditivo.

A visual por sua vez pode ser:

I) pictórica — pintura, desenho, fotografia
II) gráfica — linguagem escrita
III) mímica[29] — expressão do pensamento por meio de gestos.

[29] Numa simples nota ao pé da página, gostaria de deixar aqui uma indagação que me faço e que pode talvez no futuro abrir-nos certos filões de estudo. Refiro-me ao possível potencial que a mímica, como expressão corporal, possa ter em culturas em que o corpo não foi submetido a um intelectualismo racionalizante. Em que as grandes maiorias não se experimentaram ainda no maior rigor lógico da linguagem escrita, de que decorre não raro a mitificação do poder dessa linguagem, que, de resto, devemos evitar desde a etapa da alfabetização. Em que o corpo consciente, encontrando-se em maior liberdade em suas relações com a natureza, move-se facilmente de acordo com seus ritmos. Neste sentido, talvez fosse interessante pensar no emprego de jogos mímicos, como codificações, e, nas codificações pictóricas, dar ênfase ao movimento. Repito que isto são puras indagações, são pistas apenas.

A codificação pode ser simples e complexa, conforme se use um só canal ou mais de um simultaneamente. Enquanto linguagem, não necessariamente escrita, toda codificação é sempre um discurso a ser lido. Neste sentido, ela tem uma "estrutura de superfície" e uma "estrutura profunda" em dinâmica relação uma com a outra. A "estrutura de superfície" é o conjunto de elementos que, em interação, a constitui. A "estrutura profunda" não está visível; emerge na medida em que se verticaliza a leitura — a descodificação — da codificação, ou, mais precisamente, da sua "estrutura de superfície". Ela tem que ver com a razão de ser dos fatos que se acham meramente expostos, mas não desvelados, na "estrutura de superfície". Talvez possamos compreender melhor a "estrutura de superfície" e a "estrutura profunda" de uma codificação se entendemos a diferença entre a leitura gramatical de um texto e a leitura sintática do mesmo. Tomemos, por exemplo, do ponto de vista gramatical e sintático o seguinte texto: *Desejo que vocês façam um bom trabalho*.

Na leitura puramente gramatical deste texto, minha preocupação será a de tomar suas partes em si e classificá-las. Meu comportamento será taxionômico.[30] Assim diria:

Desejo — verbo desejar, regular, 1ª pessoa do singular do tempo presente do modo indicativo

que — conjunção integrante

vocês — forma pronominal — 3ª pessoa do plural

[30] Taxonomia — parte da gramática que classifica as palavras em categorias. Palavras variáveis, palavras invariáveis. Substantivo, adjetivo, pronome, verbo, advérbio etc.

façam — verbo fazer, irregular, 3ª pessoa do plural do tempo presente do modo subjuntivo

etc., etc.

Do ponto de vista sintático, meu comportamento seria diferente. Minha preocupação neste caso seria, de um lado, a de compreender a totalidade do texto, delimitando-o em suas partes que, em interação, constituem a totalidade; de outro, perceber o papel que os termos assumem na estrutura geral do texto. Desta forma, reconheço a relação de complementaridade que há entre *vocês façam um bom trabalho* e *desejo*. Neste sentido, *vocês façam um bom trabalho* é o objeto, o complemento direto de *desejo*, que, enquanto expressão de um certo estado que não se completa em si mesmo, é um verbo transitivo. A sentença desejo tem como sujeito *eu*; a sentença complementar tem como sujeito *vocês*, e assim por diante.

Na análise sintática, portanto, a classificação que se faz já não é a das palavras em si, mas a das funções que têm entre elas, na estrutura geral do contexto que expressa um pensamento estruturado.

Se tomamos uma codificação que representa homens e mulheres trabalhando no campo, sua estrutura de superfície serão os elementos nela expostos; sua estrutura profunda vem à tona quando, aprofundando-se a análise da estrutura de superfície, se discute a razão de ser do fato codificado.

A primeira reação de quem se põe em face de uma codificação é fazer a leitura de sua estrutura superficial. Leitura puramente gramatical, taxionômica, poderia dizer, em que se descrevem os elementos da codificação. É a partir desta leitura, contudo, que se vai alcançando o nível profundo da codificação, em cujo processo o educador nem deve exacerbar, de um lado, sua presença, a tal ponto que a presença dos educandos seja um puro reflexo da sua, nem, de outro, se deve negar, como se tivesse vergonha de ser educador.

Fundados na compreensão crítica da estrutura superficial e da estrutura profunda da codificação, podemos, no ato de codificar, nos defender de dois riscos. O primeiro, o que reduz a codificação a uma mensagem a ser transmitida quando ela é, na verdade, um objeto de conhecimento, portanto um desafio, um problema a ser desvelado. O segundo, o de transformar a codificação numa espécie de "quebra-cabeça".

No primeiro caso, identificando-se com a própria mensagem, o código torna-se de tal maneira explícito que o esforço descodificador se faz quase desnecessário. A codificação já está praticamente descodificada nela mesma. A codificação propagandística é exemplar para ilustrar o que acabo de dizer. Daí o seu caráter domesticador.

No segundo caso, a estrutura de superfície da codificação apresenta uma composição de tal forma enigmática, fechada, que obstaculiza o trabalho descodificador.

Do ponto de vista do estilo, as codificações podem ser cômicas e humorísticas. Se ambas provocam riso, desabafo, tendo ambas um papel catártico, se distinguem, contudo, em que as primeiras tendem a deixar o descodificador ao nível da estrutura de superfície e as segundas facilitam o alcance da estrutura profunda da codificação.[31]

[31] O trabalho de Claudius Ceccon se situa exatamente no segundo caso.

As codificações e as palavras geradoras

Escolhidas as palavras geradoras segundo os critérios já conhecidos de vocês, elaboram-se as codificações em que elas são inseridas. Há uma relação necessária entre a palavra geradora e a codificação. Às vezes, esta relação se faz entre a palavra e a codificação em seu todo; às vezes, a palavra está referida a uma certa dimensão da codificação.

Exemplo do primeiro caso:

Palavra geradora — TRABALHO

Codificação: Homens e mulheres trabalhando.

Exemplo do segundo caso:

Palavra geradora — TIJOLO

Codificação: Homens trabalhando numa construção, em que o objeto tijolo aparece em plano privilegiado.

O trabalho de vocês, portanto, deve ser a preparação deste material, quer dizer, das codificações correspondentes às dezessete palavras geradoras que constituem o programa de alfabetização a ser desenvolvido nos círculos experimentais.

Segue, como exemplo, uma série de slides usados no Brasil, com a palavra geradora na codificação correspondente e os slides em que a palavra aparece decomposta em sílabas.

Segue igualmente uma outra série de slides que se acham reproduzidos em *Educação como prática da liberdade* e que, na prática brasileira, proporcionavam a discussão em torno do conceito de cultura. Tal discussão, em última análise, implica a apreensão crítica das relações entre os seres humanos e o mundo natural, de cuja transformação resulta o mundo especificamente humano — o mundo da cultura e da história.

No Brasil esta discussão precedia a alfabetização e continuava com ela. No Chile, sobretudo devido à reação dos alfabetizandos que exigiam começar imediatamente a aprendizagem da escrita e da leitura, este debate era feito durante a alfabetização. Importante é que se faça esta análise.

Talvez fosse interessante testar algumas destas codificações brasileiras — as que melhor se adaptem à realidade local — com alguns grupos de alfabetizandos, e estudar sua reação.

No caso em que vocês façam tal experiência, será importante gravar as discussões, a cuja análise crítica a equipe aí deve dedicar-se. Quando de nossa próxima visita à Guiné-Bissau, uma de nossas sessões de trabalho poderia ser centrada no estudo dessas gravações, bem como no múltiplo uso do discurso dos alfabetizandos, de que algo já tratamos aí em setembro passado.

Um outro ponto sobre que poderemos também trabalhar juntos em Bissau em fevereiro próximo, se o camarada Mário Cabral confirmar as datas propostas por nós, é o de como motivar os alfabetizandos para que façam também codificações em equipe, cabendo a cada equipe que tenha elaborado uma ou mais codificações coordenar os debates em torno delas.

Assim que recebamos o material de vocês — as codificações e as palavras geradoras decompostas —, providenciaremos aqui a feitura dos conjuntos de slides que comporão o programa para os Círculos de Leitura.

Finalmente, vamos remeter-lhes nestes próximos dias fotocópias dos textos que constituem um livro meu a ser publicado no próximo ano e de que lhes falei aí. É possível que alguns deles lhes interessem. Quanto ao problema da codificação, por exemplo, vocês encontrarão algo num deles: "Ação Cultural para a Libertação"[32] e na *Pedagogia do oprimido*[33] também.

Recebam um abraço afetuoso de todos nós,
Paulo Freire

[32] Publicado em *Ação cultural para a liberdade e outros escritos*. Op. cit. (N.E.)
[33] Id., *Pedagogia do oprimido*. Rio de Janeiro: Paz e Terra, 1977 [48ª edição, São Paulo: Paz e Terra, 2011]. (N.E.)

Genebra, 6 de dezembro de 1975

Camarada Mário Cabral,

Recebi, há dias, sua carta, em que acusa a em que lhe comunicávamos a obtenção do financiamento da C.C.P.D. para a continuidade de nosso trabalho aí, bem como a contribuição que o Departamento de Educação do W.C.C. dá a nosso projeto, pondo-me à disposição do mesmo.

Espero que lhe tenha chegado a que lhe remeti no mês passado e à qual juntava cópia da que fizera à Mônica, Edna e Paulo.

Hoje lhe envio a de outra que acabo de escrever-lhes. É que me parece que você deve estar sempre a par da correspondência que mantenhamos com a equipe em Bissau, acompanhando, assim, os passos que estamos dando.

Será que já lhe foi possível, com o ritmo tão intenso de trabalho que você tem, instaurar a Comissão Nacional que com você discutirá a política geral da campanha de alfabetização? Seria excelente se, em nossa próxima visita, em fevereiro de 1976, pudéssemos reunir-nos, pelo menos uma vez, com a Comissão.

Meu caro amigo, perdoe-me por estas insistências. Elas são feitas pelo desejo de servir.

Para você e todos os camaradas, o abraço do amigo
Paulo Freire

Genebra, 6 de dezembro de 1975 (Carta nº 2)

Prezados camaradas e amigos Mônica, Edna e Paulo,

Espero que tenham recebido a carta que lhes enviei através do camarada Mário Cabral e em que lhes falava das codificações para a experiência aí, com os projetores. Espero igualmente que o trabalho de vocês em torno do manual do animador esteja adiantado e que, em breve, o recebamos.

Seria, por outro lado, do mais alto interesse para nós se vocês, superando todas as dificuldades, que sei grandes, decorrentes do mundo de coisas que têm a fazer, nos remetessem um relatório pormenorizado de tudo o que foi feito depois de nossa estada em Bissau. O prosseguimento das atividades nas FARP, se os novos coordenadores, em processo de formação quando estávamos aí, já se acham em ação e como anda o trabalho deles.

Se a memória não me falha, creio que Marcos Arruda, em sua recente carta a Paulo, faz um pedido semelhante.

Não sei se vocês estarão tendo tempo de realizar, em forma sistemática, seminários de avaliação com os animadores, em que vocês e eles examinem a prática de todos — as dificuldades encontradas e a maneira como tentam responder a elas. Há dificuldades que se repetem, de modo geral, em todos os círculos e é importante que os animadores se informem entre si de como cada um as vem enfrentando.

Desta maneira, há um aprendizado comum que estimula intensamente a criatividade de todos.

Nestes seminários, por exemplo, podem ser analisados e discutidos certos desvios autoritários de uns coordenadores, como certos desvios espontaneístas de outros. Desvios que dificilmente podem ser de todo evitados, a não ser quando trabalhamos com dez ou quinze pessoas apenas, o que de resto não tem sentido.

Estes seminários de avaliação poderiam contar, também, com a presença de grupos de alfabetizandos. Sua presença neles se justifica por duas razões básicas. De um lado, porque, em tais seminários, se discute uma prática em que eles se acham envolvidos como sujeitos, tanto quanto os coordenadores; de outro, porque através destas reuniões podem aprofundar sua formação. Entre eles, vocês terão novos coordenadores para amanhã. O próprio manual do animador, que vocês estão elaborando, deveria passar pelo crivo de tais seminários.

Caso vocês não tenham ainda pensado neste tipo de atividade e se concordam em realizá-la, a questão que se coloca é a de encontrar a melhor maneira de operacioná-la, não esquecendo, sugeriria, de gravar as discussões. É que a gravação das discussões constitui, em si, um documentário importante, que permite estudar o andamento do trabalho, podendo ser usada, também, em seminários de avaliação entre diferentes grupos.

A tarefa avaliadora aqui referida é um esforço formador e, como tal, indispensavelmente ligada à investigação de novas formas de ação. Enquanto problematização da prática, esta forma de avaliação é o seu momento crítico. Momento em que os sujeitos da prática se voltam sobre ela para confirmá-la ou retificá-la, neste ou naquele aspecto, enriquecendo a subsequente prática e nela enriquecendo-se. Daí a necessidade que temos, quando participamos de uma equipe central, de não apenas acompanhar, assiduamente, as atividades dos Círculos de Cultura, mas também de coordenar, de vez em quando, as discussões em alguns deles. Assim, a nossa participação nos seminários de avaliação, em que a prática realizando-se nos círculos é o objeto da análise, não é a participação de estrangeiros a essa prática nem a de "semiconviventes" com ela, isto é, a de quem simplesmente tivesse visto como os outros trabalham.

É possível, porém, que vocês já estejam usando ou pensando em usar um método diferente de avaliação. Não importa. O indispensável é, primeiro, que se faça a avaliação permanente do trabalho em realização. Segundo, que a avaliação jamais se transforme em fiscalização.

Estou remetendo, por correio aéreo, os textos prometidos, cuja leitura, estou certo, vocês farão tomando sempre, como referência, a realidade guineense.

Aguardando notícias de vocês, vai aqui o abração de

Paulo Freire

Engenheiro Mário Cabral
Comissariado do Estado para Educação e Cultura
Bissau
Genebra, 5 de janeiro de 1976

Camarada Mário,

Mais uma vez, estou remetendo a você cópia de outra carta, bastante longa desta vez, que fiz aos camaradas Mônica, Edna e Paulo.

Creio que a temática tratada tem que ver com a realidade da Guiné-Bissau, o que não significa, porém, que você e eles concordem totalmente com o que digo.

Talvez fosse interessante discutir, em equipe, em fevereiro próximo, os seus pontos principais.

Estou enviando junto à sua uma outra cópia que lhe pediria entregasse à camarada Dulce, do ensino médio. É possível que a carta interesse a ela também.

Estamos ansiosos por chegar aí para revê-los e beber um pouco dessa alegria de viver, coisa tão carente nestas bandas de cá.

Um abração para todos,
Paulo Freire

Genebra, 5 de janeiro de 1976 (Carta nº 3)

Camaradas Mônica, Edna e Paulo,

Talvez não fosse necessário dizer, mas, em todo caso, será bom enfatizar que, ao escrever mais ou menos assiduamente a vocês, não pretendo, de um lado, burocratizar nossas relações; de outro, emprestar às minhas cartas nenhuma significação prescritiva. Escrevo sempre pela necessidade que tenho de conversar com vocês sobre pontos que nos interessam, em vista do trabalho em que nos achamos engajados.

Ao escrever-lhes, naturalmente, pretendo desafiá-los, mas, ao fazê-lo, me desafio também. Não nos é possível desafiar a alguém, em termos autênticos, se, ao mesmo tempo, não nos damos ao desafio. Às vezes, me detenho diante de uma palavra, diante de uma frase, perguntando-me se o que estou escrevendo expressa mesmo o que gostaria de dizer e se, sobretudo, o que estou dizendo tem que ver realmente com o concreto sobre que estou pensando.

No caso de hoje, gostaria de tocar em alguns dos problemas com que nos defrontamos quando, envolvidos na prática e na teoria da alfabetização de adultos, nos indagamos sobre o que a ela se segue.

Não pretendo uma análise pormenorizada da pós-alfabetização, mas uma tomada de posição diante dela, que corresponde à visão que tenho da alfabetização. Na verdade, as preocupações em torno da pós-alfabetização estão intimamente ligadas à prática e à concepção que se tenham da alfabetização.

Todas as vezes em que tenho discutido o problema da alfabetização de adultos tenho sublinhado que, numa perspectiva libertadora, ela há de ser sempre um ato criador, em que o conhecimento livresco cede seu lugar a uma forma de conhecimento que provém da reflexão crítica sobre uma prática concreta de trabalho. Daí a insistência, também, com que sempre falo da relação dialética entre o contexto concreto em que tal prática se dá e o contexto teórico, em que a reflexão crítica sobre aquele se faz.

Numa tal visão prático-teórica da alfabetização jamais pode ser ela entendida como o momento de um aprendizado formal da escrita e da leitura, como uma instância primeira, justapostamente ligada às seguintes. Ou, também, como uma espécie de "tratamento" a ser aplicado aos que dele necessitem para que, em seguida, recuperados de sua "enfermidade", possam experimentar-se numa "aventura superior", de caráter igualmente livresco — a pós-alfabetização.

Como a entendo, a alfabetização de adultos já contém, em si, a pós-alfabetização. Esta continua, aprofunda e diversifica o ato de conhecimento que se inicia naquela. Não são, pois, dois processos separados — um antes, o outro depois —, mas dois momentos de um mesmo processo social de formação. E este, não importa o nome que se lhe dê — educação, ação cultural, animação —, implica sempre, na alfabetização também como na pós-alfabetização, uma certa teoria do conhecimento posta em prática.

Que conhecer, como conhecer, para que conhecer, em favor de que e de quem conhecer, portanto, contra que e contra quem conhecer são questões teórico-práticas e não intelectualistas, que a educação como ato de conhecimento nos coloca. Questões fundamentais, em dinâmico envolvimento com outras em torno do ato mesmo de educar, de sua possibilidade, de sua legitimidade, dos objetivos e finalidades desse ato, de seus agentes, de seus métodos, de seu conteúdo.

Solidárias entre si, estas questões demandam respostas igualmente entre si solidárias. Assim, ao preocupar-me com o que conhecer, acho-me necessariamente envolvido com o para que, com o como, com o em favor de que e de quem, com o contra que e contra quem conhecer.

Gostaria de salientar não ser o objetivo desta carta tratar as questões acima referidas sistemática e profundamente, como sua simples enumeração poderia sugerir. Chamar a atenção para elas e sobre elas algo dizer são o marco em que me situo nesta carta.

A resposta à pergunta em torno do que conhecer, tendo que ver diretamente com a constituição do conteúdo programático da ação educativa, envolve uma série de ângulos que não podem ser descuidados. Ângulos em que o para que, intimamente ligado ao como, ao em favor de que e de quem, ao contra que e contra quem conhecer é o centro orientador mesmo da delimitação do que conhecer.

Desta forma, a delimitação do que conhecer, sem a qual não é possível a organização do conteúdo programático da ação educativa, está estreitamente associada ao projeto global da sociedade, às prioridades que esse projeto exige e às condições concretas para a sua realização.

Ao falar de projeto global da sociedade não faço como se estivesse tomando-o como uma ideia abstrata, um desenho arbitrário, algo acabado na imaginação de uma liderança. Refiro-me, sim, a um certo número de metas, solidárias entre elas e coerentes com um certo objetivo no campo da organização econômica e social; no da distribuição interna como no do comércio externo; no das comunicações e transportes; no da cultura; no da saúde; no da educação em geral, que a esse objetivo deve servir. Metas realizáveis em etapas e que envolvem uma política de planejamento global e políticas específicas para a sua realização.

A prática em busca da concretização das metas pode retificar, neste ou naquele ponto, o desenho do projeto, mas não prescinde dele, enquanto previsão. Daí que a delimitação do que conhecer para a organização do conteúdo programático da ação educativa demande de todos os que nela se envolvem, em qualquer de seus planos, uma clareza política a qual, não sendo em si suficiente, é absolutamente indispensável. Clareza política, acrescente-se, com relação ao para que, ao como e ao em favor de quem se faz a própria política. Uma coisa é a política feita, em todos os setores, por uma rígida burocracia, em nome das massas populares, a quem se transmitem palavras de ordem; outra coisa é a política feita com elas, com a sua participação criticamente consciente na reconstrução de sua sociedade, em que as palavras de ordem, necessárias, jamais, porém, se transformam em puros "slogans".

É ainda esta clareza política, em face da realidade e da própria educação, clareza associada à permanente vigilância no sentido da preservação da coerência entre nossa prática e o projeto da nova sociedade, que nos faz evitar o risco de reduzir a organização curricular a um conjunto de procedimentos técnicos de caráter neutro. A organização do conteúdo programático da educação, seja ela primária, secundária, universitária ou se dê ao nível de uma campanha de alfabetização de adultos, é um ato eminentemente político, como política é a atitude que assumimos na escolha das próprias técnicas e dos métodos para concretizar aquela tarefa. O caráter político de tal quefazer independe da consciência que tenhamos dele ou não. O saber como delimitar o que conhecer não pode estar separado do para que conhecer como das demais implicações deste ato, a que já me referi. Não há, por isso mesmo, especialistas neutros, "proprietários" de técnicas também neutras, no campo da organização curricular ou noutro qualquer. Não há metodologistas neutros para ensinar como ensinar neutramente história ou geografia, língua nacional ou matemática.

Neste sentido, a delimitação do que conhecer para a organização do conteúdo programático da educação, numa sociedade que, recém-saindo de sua dependência colonial, com tudo o que isto significa, se acha revolucionariamente empenhada na luta por sua reconstrução, é uma tarefa das mais importantes. Esta delimitação do que conhecer não se esgota, porém, na substituição de certo tipo de conteúdo programático por outro, que corresponda mais de perto aos objetivos da sociedade em reconstrução. Mesmo que reconheça que este esforço é às vezes, durante certo tempo, o único possível, é fundamental enfatizar que não basta mudar o conteúdo programático, mantendo-se, contudo, a prática anterior, renovada num ou noutro aspecto: o método de conhecer nela experimentado e o sentido elitista que a informa.

A preservação do caráter elitista da educação, com tudo o que ele implica, tem sentido para a sociedade que, saindo de sua dependência colonial, se insere numa dependência neocolonial e é "governada" por uma elite dominante nacional, atrelada aos interesses imperialistas. Este não é, sem sombra de dúvida, o caso da Guiné-Bissau.

A questão de fundo, pois, não está em apenas substituir um velho programa adequado aos interesses do colonizador por um novo, mas em estabelecer a coerência entre a sociedade reconstruindo-se revolucionariamente e a educação como um todo que a ela deve servir. E a teoria do conhecimento que esta deve pôr em prática implica um método de conhecer antagônico ao da educação colonial.

Um dos riscos que uma tal sociedade corre, ao procurar responder ao desafio que a sua reconstrução lhe coloca, é o de aceitar certos modelos modernizantes do ocidente. Entre eles, naturalmente, o modelo educativo, de caráter classista, como se fosse possível, através deste modelo, resolver o problema da carência de quadros nacionais, de grau médio e universitário, necessários ao esforço enorme e complexo da reconstrução de si mesma.

Precisamente porque este é um risco, só o é para a sociedade que procura refazer-se revolucionariamente. Assim, o que é risco para esta é o caminho certo para a liderança antipopular da outra, a que se entrega aos interesses imperialistas.

A carência referida é, porém, uma negatividade que tem sua positividade. Admitindo-se que o colonizador tivesse desenvolvido uma ação, mesmo pouco intensa, no setor da capacitação universitária, esta ação só poderia ter sido efetivada em função de seus interesses, por isso mesmo seletiva e colonialista, tal qual a educação que se desenvolveu nos liceus das áreas urbanas do país, na fase colonial.

Atingindo uma certa faixa populacional, tal capacitação reforçaria a posição de classe dos graduados, que passariam a engrossar as fileiras de uma intelectualidade urbana, a serviço do colonizador. Analisando o papel de um pequeno grupo desses intelectuais na luta pela libertação de países, Amílcar Cabral se referia à necessidade que eles tinham para desempenhar tal papel, de "ser capazes de se suicidar como classe para renascer como trabalhadores revolucionários inteiramente identificados com as aspirações mais profundas do povo ao qual pertencem",[34] o que ele fez de maneira exemplar. A "re-africanização" desses intelectuais, sobre que tanto insistiu também Amílcar, estava implícita nesta "morte" e neste "renascimento".

Acontece, porém, que esta "morte" não é aceita facilmente — a história nos ensina — mesmo por grande parte daqueles que verbalizam uma opção revolucionária. A "formação" intelectual pequeno-burguesa, que reforça a posição de classe dos indivíduos, tende a levá-los à absolutização da validade de sua atividade, considerada como superior à daqueles que não a têm.

Daí que, toda vez que uma liderança revolucionária, delimitando o campo, por exemplo, da investigação científica, suprime qualquer atividade cujos resultados imediatos não sejam capazes de responder aos desafios mais prementes que os problemas das grandes maiorias populares apresentam, esses intelectuais se sintam discriminados e sem liberdade.

---

[34] Amílcar Cabral, *Unité et Lutte I, L'arme de la Théorie*, p. 303.

Neste sentido, há muita coisa a ser estudada, feita e refeita, na Guiné-Bissau, antes que um investigador se dedique à análise científica das razões por que esse simpático animal que temos no Brasil e certamente na Guiné, chamado Preguiça, se move tão lentamente. Há um esforço a ser feito na Guiné, no trabalho da coleta de contos e estórias populares a serem usados como textos de leitura para crianças e adultos, antes que um erudito professor de literatura "dê" seminários sobre Mallarmé e o Simbolismo.

Em última análise, estou convencido de que é mais fácil criar um novo tipo de intelectual — o que se forja na unidade da prática e da teoria, do trabalho manual e do trabalho intelectual — do que re-educar o intelectual elitista. Quando digo que é mais fácil, não excluo a possibilidade de uma tal re-educação, quando for este o caso.

O problema que se coloca, pois, a uma sociedade assim, não é o de continuar formando intelectuais elitistas para que depois se "suicidem", mas o de não permitir que eles se constituam como tais. O de como, portanto, tornar positiva a negatividade antes mencionada. O de como formar seus quadros, não apenas fora do país, mas dentro dele, numa perspectiva não elitista. O de como delimitar o que conhecer em relação estreita com novos métodos pedagógicos. Em última análise, o de como reorientar o seu sistema educacional superando totalmente a herança colonial. Diferentes objetivos, diferentes conteúdos, diferente prática, diferente concepção da educação.

A delimitação do que conhecer, ao nível mesmo da alfabetização de adultos, quer dizer, a constituição de seu conteúdo programático, não pode ser pensada fora dos marcos da re-orientação do sistema educacional global que, por sua vez, tem de estar em correspondência com o projeto da nova sociedade. Se o sistema educacional segue o modelo elitista, verbalista, autoritário, que satisfazia os interesses dos colonizadores, embora reformado neste ou naquele ponto, a alfabetização de adultos, não importa a orientação que tenha, terminará por ser uma via de acesso para alguns aos privilégios que o sistema defenderá.

Desta forma, discutir a alfabetização de adultos e a pós-alfabetização implica discutir a educação em sua globalidade. E discutir esta, repita-se, significa pensar o projeto global da sociedade.

Enquanto a educação colonial tinha como um de seus principais objetivos, ao lado da "desafricanização" dos nacionais, a preparação de quadros subalternos para a administração, agora o importante é a formação do homem novo e da mulher nova, a que se associa a criação daquele novo tipo de intelectual a que antes me referi. E não é com o que a sociedade em reconstrução herdou do colonizador que ela poderá cumprir esta fundamental tarefa.

A vigilância como atitude permanente numa sociedade que assim busca refazer-se tem, neste domínio — o da cultura, o da formação de seu povo —, não importa o campo em que esta se dê, uma dimensão-chave. "No plano da cultura, como no da política", disse Cabral, "a vigilância é indispensável".[35] Por isso, qualquer descuido nesta vigilância pode vir a ser fatal ao projeto da nova sociedade. E se esta, ao refazer-se, caminha no sentido do socialismo, necessita, de um lado, de ir organizando o modo de produção com vistas

---

[35] Ib., p. 324.

a este objetivo; de outro, de ir estruturando sua educação em estreita relação com a produção, quer do ponto de vista da compreensão mesma do processo produtivo, quer do ponto de vista da capacitação técnica dos educandos.

Neste sentido, o homem novo e a mulher nova a que esta sociedade aspira não podem ser criados a não ser através do trabalho produtivo para o bem-estar coletivo. Ele é a matriz do conhecimento em torno dele e do que dele desprendendo-se a ele se refere. Isto significa, permitam-me repetir, que uma tal educação não pode ter um caráter seletivo, o que a levaria, em contradição com os objetivos socialistas, a fortalecer a dicotomia entre trabalho manual e trabalho intelectual. Pelo contrário, impõe-se a superação desta dicotomia para que, na nova educação, a escola primária, secundária, universitária, não se distinga essencialmente da fábrica ou da prática produtiva de um campo agrícola, nem a elas se justaponha. E mesmo quando, enquanto contexto teórico, se ache fora da fábrica ou do campo agrícola, isto não signifique que ela seja considerada como uma instância superior àqueles nem que aqueles não sejam em si escolas também.

Numa visão dinâmica, a da unidade da prática e da teoria, a escola jamais se define como uma instituição burocraticamente responsável pela transferência de um saber seleto. Nem tampouco se define como um "mercado" de conhecimento. É preciso, porém, que a superação da dicotomia entre trabalho manual e trabalho intelectual, entre prática e teoria, se prolongue na superação igualmente da dicotomia entre ensinar e aprender e entre conhecer o conhecimento hoje existente e criar o novo conhecimento. Com a superação destas dicotomias, a escola como "mercado de conhecimento" cede seu lugar à escola como "Centro Democrático", a que faz referência o camarada Samora Machel.[36]

E na escola como Centro Democrático desaparece, de um lado, o professor que transmite autoritariamente um saber seleto; de outro, o aluno passivo, que recebe o saber transferido. Em seu lugar, surgem o professor e o aluno militantes, de quem fala também Machel. O professor que, ao ensinar, aprende e o aluno que, ao aprender, ensina.

Numa educação como esta, que coincide com um projeto social que privilegia a presença cada vez mais consciente dos trabalhadores camponeses e urbanos na reconstrução da sociedade, a delimitação do que conhecer, fiel a esse projeto, deve contar com a participação dos educandos nela. Isto significa, sem dúvida, que as relações dialógicas, como selo do ato de conhecer, entre o professor e o aluno militantes, não se dão apenas em torno de um objeto de conhecimento proposto por aquele a este, mas em torno, também, da própria delimitação do que conhecer.

Sem sacrificar em nada a organização do conteúdo programático da educação, no que diz respeito aos temas fundamentais à sociedade em reconstrução, a participação dos educandos naquela tarefa é indiscutivelmente formadora. Além do mais, é um direito deles, enquanto militantes, o de ter voz na delimitação do que lhes cabe conhecer para melhor servir à coletividade.

Assim, ao colocar-nos a questão da delimitação do que conhecer, na Guiné-Bissau, ao nível básico da alfabetização de adultos e da pós-alfabetização, colocamos também

[36] Samora Machel, "Fazer da escola uma base para o povo tomar o poder", in *Cadernos de Cultura Popular*, nº 5. Lisboa: Nova Aurora, 1974.

o problema de ambas, numa linha de massas. Isto é, numa linha em que estas, mobilizadas, assumem, desde o começo mesmo do processo permanente de sua formação, o papel de sujeitos deste processo.

Neste sentido, a alfabetização em que a pós-alfabetização se vai gerando é, desde o princípio, um trabalho com as massas e não sobre elas.

Assim como na escola como "Centro Democrático", a participação do educando militante, e não privilegiado, na organização do programa de estudo, em nada deve sacrificar os objetivos fundamentais do projeto da Sociedade, na alfabetização e na pós-alfabetização de adultos o mesmo se deve verificar. E a concretização destes objetivos demanda a clareza em torno das relações, já citadas nesta carta, entre a educação, de que a alfabetização de adultos é uma dimensão, e a produção.

Estas relações se fazem mais transparentes na medida em que se define o projeto global da sociedade, que envolve o para que produzir, o que produzir, o como produzir, que, por sua vez, implica a maneira como se dão as relações sociais de produção e o papel que nela joga o trabalhador, e o para quem produzir.

Numa perspectiva capitalista, os fatores de produção — meios de produção de um lado, trabalhadores de outro — se combinam em função do capital. Parte da acumulação, que resulta da "mais-valia" — o que deixa de ser pago ao trabalhador que vende sua força de trabalho ao capitalista —, é usada no bem-estar deste e outra parte na compra de mais força de trabalho e de mais meios de produção que, combinados, produzem mais mercadorias necessariamente vendáveis. É que, do ponto de vista capitalista, o que interessa não é a produção de um valor de uso, mas a de um valor de uso que tenha um valor de troca, isto é, que seja uma mercadoria vendável. Mais ainda, a produção de "uma mercadoria cujo valor cubra e supere a soma dos valores das mercadorias invertidas em sua produção, quer dizer, dos meios de produção e da força de trabalho".[37]

O que o trabalhador recebe como salário pelo esforço despendido no ato produtivo e que corresponde a um mínimo apenas deste esforço se destina a seus "meios de vida" e à sua reprodução como classe assalariada.

Expropriado do produto de sua força de trabalho, o trabalhador não tem nada que ver, por outro lado e por isso mesmo, com a determinação do que deve ser produzido. E na medida em que uma quantidade significativa do que se produz não corresponde às reais necessidades dos indivíduos, é preciso inventá-las. Por isso é que se equivoca, totalmente, a sociedade que, refazendo-se em busca do socialismo, se deixa fascinar pelo mito do consumismo. Se caminha nesta direção, não importa que já não haja uma classe capitalista, seu objetivo será produzir valores de troca, isto é, mercadorias vendáveis. Acontece que o socialismo é algo bem distinto de um "capitalismo sem capitalistas".[38]

"Compre o que você já tem" seria uma forma caricatural de perfilar a sociedade capitalista, chamada de consumo. O papel que a propaganda joga nesta sociedade, em que a

---

[37] Karl Marx, *El Capital*. México: Fondo de Cultura Económica, vol. I, 1974, p. 138.

[38] Samir Amim, "Élogie du Socialisme", in *L'Homme et la société*. Paris: Editions Anthropos, 1974.

alienação da consciência é cada vez maior, teria de ser fundamental. Não necessitamos de propaganda para convencer-nos de comprar feijão, pão, arroz, mas precisamos de propaganda para comprar este ou aquele tipo de perfume e até mesmo para comparar este ou aquele tipo de arroz, apenas com embalagem diferente.

Se a produção se orienta no sentido do bem-estar coletivo e não do lucro do capitalista, privado ou estatal, a acumulação, indispensável ao desenvolvimento, tem uma significação e um fim totalmente distintos. Agora, numa perspectiva socialista, o que se deixa de pagar ao trabalhador já não é uma usurpação, mas a quota que ele dá ao desenvolvimento da coletividade, e o que se deve produzir com esta quota não é uma mercadoria que se define por ser vendável, mas o socialmente necessário. Para isto, é preciso que a sociedade que se reconstrói revolucionariamente, ao superar a dicotomia trabalho manual-trabalho intelectual, se vá constituindo, toda ela, como uma sociedade de trabalhores, cuja liderança, ao recusar, de um lado, qualquer forma de espontaneísmo, recusa, de outro, enrijecer-se burocraticamente.

Numa sociedade capitalista, tão menos consciência política, enquanto consciência de classe, tenham os trabalhadores, melhor, do ponto de vista da classe dominante. Numa sociedade revolucionária, que visa ao socialismo, pelo contrário, quanto mais consciência política tenham os indivíduos enquanto recriadores de uma sociedade que se vai tornando uma sociedade de trabalhadores, tanto mais criticamente se engajam no esforço produtivo. Neste sentido, sua consciência política é fator também de produção. Daí que, no primeiro caso, se fale tanto da neutralidade da educação e a capacitação do trabalhador seja feita em torno apenas de um saber como fazer, considerado igualmente neutro. Numa sociedade capitalista, a educação do trabalhador visa à sua reprodução enquanto classe assalariada, que é obrigada a vender sua força de trabalho à classe capitalista. A educação que o reproduz como classe deve capacitá-lo para ser mais e mais eficiente no processo de trabalho.[39] Processo, como salienta Marx, "entre objetos comprados pelo capitalista, entre objetos que lhe pertencem".[40] A força de trabalho, de um lado; os meios de produção, de outro.

Quanto mais rentavelmente se combinem aquela e estes, na produção de valor de troca, isto é, da mercadoria vendável, melhor. A educação a serviço desta combinação rentável não pode ter, obviamente, como objetivo desvelar o seu caráter alienador. O que ela tem de fazer, por isto mesmo, é ocultá-lo, reduzindo o processo formador à transferência daquele *saber como fazer*, tomado como neutro.

Este é, apenas, um dos importantes aspectos das relações entre educação e produção na sociedade capitalista.

---

[39] Com isso, porém, não quero dizer que a educação do trabalhador, nas sociedades capitalistas, se oriente no sentido de tornar possível uma compreensão global do processo produtivo, na medida mesma em que tal compreensão não é indispensável à eficiência do trabalhador no sistema capitalista. Pelo contrário, "quanto mais a ciência é incorporada ao processo de trabalho, tanto menos o trabalhador entende o processo; quanto mais a máquina se torna um produto intelectual sofisticado, tanto menos controle sobre ela e compreensão dela tem o trabalhador. Em outras palavras, quanto mais o trabalhador necessita de conhecer no sentido de permanecer um ser humano no trabalho, tanto menos conhece". Harry Brauerman, *Labor and Monopoly Capital: The Degradation of Work in The Twentieth Century*. Nova York e Londres: Monthly Review Press, 1974, p. 425.

[40] Karl Marx, op. cit., vol. I, p. 137.

Na sociedade que se reconstrói na linha do socialismo, pelo contrário, fundando-se na nova realidade material que vai tomando forma, a educação deve ser eminentemente desveladora e criticizante.

Neste sentido, é tão contraditório que uma tal sociedade se oriente no sentido do consumismo a que antes me referi, ou da rigidez burocrática, como contraditório é que se estabeleça um sistema educacional autoritário e prescritivo, filho, neste caso, da própria rigidez burocrática. Sistema educacional em que não há o clima necessário para a encarnação do educador e do educando militantes, no sentido antêntico em que os define Samora Machel.

Nesta altura, numa aparente digressão, gostaria de fazer alguns comentários em torno da experiência brasileira de alfabetização de adultos de antes do golpe de Estado de 1964 e da experiência chilena, nos Governos da Democracia Cristã e da Unidade Popular. Talvez estes poucos comentários nos ajudem a clarificar melhor alguns pontos centrais sobre o que estamos e estaremos conversando nesta carta.

A experiência brasileira se deu no quadro de um regime populista em que se aproveitavam, de um lado, os espaços livres que ele oferecia, de outro, a forte motivação das massas populares urbanas e, em certas áreas, rurais, pela alfabetização. Entre estas áreas, principalmente aquelas em que os camponeses se experimentavam conflitivamente, empenhados na reivindicação da terra ou mesmo da melhora salarial. As Ligas Camponesas são um exemplo, sobretudo no Nordeste brasileiro, da inquietude dos camponeses e de seu ânimo de organizar-se. É preciso que se diga, porém, que não foi nenhuma campanha de alfabetização de adultos que fez nascer as Ligas Camponesas, nem estas surgiram com as características de luta com que as conheci, mais ou menos de perto, no tempo em que coordenei, a nível nacional, a campanha de alfabetização de adultos. Foi a experiência dos camponeses, inicialmente associando-se para a solução de problemas vitais, entre eles o do próprio sepultamento de seus mortos, que os levou a uma prática mais e mais política. Foi esta prática, sem dúvida, que se foi fazendo mais e mais política e que os engajou, mais tarde, na luta pela reivindicação da terra e da melhoria salarial, que terminou por dar sentido à alfabetização. Esta aparece, assim, como algo necessário à sua luta, mesmo que não se tivesse verificado qualquer alteração nas relações sociais de produção e precisamente por causa disto. Para muitos, a alfabetização era vista, nestas circunstâncias, como um instrumento a mais na efetivação da transformação daquelas relações.

As duas grandes greves de trabalhadores rurais de Pernambuco, em 1963, a primeira com 83 mil e a segunda com 230 mil grevistas, são um exemplo indiscutível deste fenômeno.

Desta forma, a tônica da campanha de alfabetização no Brasil era eminentemente política. Interessava-nos, nas condições históricas em que estávamos, estabelecer um vínculo absolutamente estreito entre a alfabetização e a consciência política das massas populares. Daí que, no contexto da experiência brasileira, as relações entre a alfabetização de adultos e a produção se tenham expressado na crítica ao modo de produção capitalista, que, caracterizando o país como um todo, é preponderante nos centros urbanos, e na análise crítica das relações sociais de produção, nas áreas rurais.

Não poderia estar em nossa cogitação relacionar a alfabetização de adultos à produção no sentido de uma capacitação técnica dos alfabetizandos, por motivos óbvios.

Foi por isto também que a campanha brasileira, sem deixar de ser nacional, estabelecia, porém, prioridades. Entre atuar numa área em que a consciência popular se encontrasse "imersa" e noutra cuja rebelião popular fosse visível, não havia como hesitar. A segunda seria a escolhida.

No caso do Chile, a campanha de alfabetização se dá em dois momentos distintos. No primeiro, nos marcos do Governo reformista burguês da Democracia Cristã. No segundo, no Governo da Unidade Popular, que pretendia a criação de uma Sociedade Socialista.

Em ambos os casos, na experiência chilena a alfabetização esteve associada à produção, do ponto de vista da capacitação técnica dos alfabetizandos, com visões políticas necessariamente opostas.

Talvez, de maneira um pouco ligeira, pudesse dizer que, no caso brasileiro, em grande parte, a motivação pela alfabetização entre as massas populares estava ligada ao desejo de mudança, mesmo que a visão desta fosse vaga e imprecisa.

No caso do Chile, na primeira etapa, a do Governo democrata cristão, a motivação pela alfabetização se associava ao aprofundamento das reformas realizadas — como a reforma agrária —, que, por sua vez, davam à alfabetização de adultos um caráter de necessidade funcional. Necessidade que, mudando de qualidade, se estende e se intensifica no período da Unidade Popular.

Não foram raros os camponeses chilenos que, em conversa comigo ou nas discussões nos Círculos de Cultura, falavam das razões bem concretas que os tinham levado a alfabetizar-se. Insistiam sempre em que antes da reforma agrária não tinham por que aprender a ler e a escrever, mesmo que um "patrão mais compreensivo" o proporcionasse, pois que nada teriam que "fazer com as letras".

O caso da Guiné-Bissau é diferente, mas problemático também. Indiscutivelmente, a guerra de libertação, como "um fato cultural e um fator de cultura" (Amílcar Cabral), foi a grande parteira da consciência popular. Não foi por acaso que os camaradas do Círculo de Cultura que visitamos, Elza e eu, ao discutirem sobre a luta, diziam que "a luta de hoje é a mesma de ontem com algumas diferenças. Ontem", diziam eles, "com armas nas mãos, buscávamos expulsar o invasor. Hoje, com armas nas mãos, vigilantes, a nossa luta é a luta pela produção para a reconstrução de nosso país."

Lembro-me também de que, na mesma reunião, um outro camarada dizia que a luta pela produção, que deve ser feita através do trabalho de todos, insistia ele, exige um total desprendimento, em função do interesse coletivo, que deve estar acima dos interesses individuais.

Mas, mesmo admitindo-se que a consciência política da grande maioria da população do país corresponda ao nível da clareza revelada nas citações que acabo de fazer, devido à luta pela libertação, resta um problema sobre que teremos de pensar, no setor das relações entre a educação e a produção. Um problema fundamental que tem que ver não só com a organização do conteúdo programático da alfabetização e da pós-alfabetização, para ficar só neste campo, mas também com a própria validade do esforço alfabetizador.

Refiro-me ao fato de se já houve ou de se está havendo, e até que ponto, alterações nas relações sociais de produção no país. Alterações que, necessariamente, darão uma nova dimensão ao aprendizado da leitura e da escrita e à continuidade deste aprendizado, que se vai ampliando e aprofundando.

No caso brasileiro, como disse antes, a alfabetização, em áreas rurais, sem que tais alterações tivessem ocorrido, só tinha sentido para aquelas populações camponesas que, envolvidas em situações conflitivas, viam nela um instrumento a mais para a sua luta. Esta não é a circunstância da Guiné-Bissau, cujo povo teve, na guerra de libertação, o que nenhuma campanha de alfabetização lhe teria oferecido.

Na Guiné-Bissau, hoje, a alfabetização e a pós-alfabetização de adultos, eminentemente políticas, é claro, necessitam de um ponto de referência material, em transformação, capaz de perfilá-las junto às grandes maiorias nacionais como algo importante e significativo. Em outras palavras, é preciso que estas grandes maiorias tenham realmente necessidade de ler e de escrever, o que não é de se esperar, se o contexto concreto continua funcionando tradicionalmente. Mesmo nas antigas "regiões libertadas", em que as populações camponesas estiveram diretamente empenhadas na luta de libertação, participando do esforço produtivo, com que asseguravam a alimentação das tropas, e dos trabalhos educativos realizados pelo PAIGC, problema idêntico, me parece, se põe.

Uma coisa, pois, é ligar a alfabetização de adultos e a pós-alfabetização à produção numa área em que as relações sociais de produção começam a transformar-se, com vistas a um modo de produção socialista, em que se implantam, de baixo para cima, cooperativas com este espírito, e outra é tentar a mesma ligação sem que estas condições materiais existam.

No primeiro caso, a alfabetização e a pós-alfabetização atendem a uma necessidade real. Modificado o contexto, sua tendência é dinamizar-se cada vez mais, do que resulta, de um lado, uma mudança, ainda que não automática, na maneira de os indivíduos perceberem sua realidade, de outro, a ampliação dos horizontes de sua curiosidade.

Desta forma, muita coisa que, no contexto tradicional, não tinha sentido, por falta de funcionalidade, passa a impor-se, no contexto em transformação. É assim que as margens para o analfabetismo regressivo se limitam ao mínimo normal.

No segundo caso, pelo contrário, as possibilidades de insucesso acompanham o esforço alfabetizador desde o começo e as margens para o analfabetismo regressivo são enormes.

Isto não é pura opinião, mas a constatação de um fato que se vem verificando nas mais diferentes experiências de alfabetização de adultos, onde quer que esta se realize.

É em razão deste fato que nos parece que a campanha de alfabetização de adultos na Guiné-Bissau, mesmo que seja nacional, deveria, porém, começar[41] nas áreas em processo

---

[41] Quando digo começar, me refiro ao trabalho a ser desenvolvido pelas FARP, após o esforço realizado entre elas e a que se junta o que se vem fazendo em certos setores urbanos de Bissau.

de transformação e, possivelmente, naquelas que, segundo os planos do Governo e a política do Partido, em breve espaço de tempo passariam a sofrer, igualmente, certos câmbios. Nesta hipótese, a alfabetização poderia inclusive estimular a mudança.

Percebe-se assim, mais uma vez, a importância da Comissão Intercomissarial que o camarada Mário Cabral pretende criar e que, em estreita relação com o Governo e o Partido, deveria traçar as linhas gerais da política a ser seguida pela campanha de alfabetização.

Começar a campanha por estas áreas, cujas condições materiais estão dando-se, além de não afetar em nada o seu caráter nacional, assegura o seu êxito.

Sem se perder de vista o projeto global da sociedade, as condições locais das áreas por onde se comece o trabalho devem estar bem presentes, quando da delimitação do que conhecer, isto é, da organização do conteúdo programático da alfabetização, que se alonga na pós-alfabetização. É a partir das condições locais que se vai alcançando o mais geral.

Assim, a temática implícita em cada palavra geradora deve proporcionar a possibilidade de uma análise que, partindo do local, se vá estendendo ao regional, ao nacional, ao continental e, finalmente, ao universal.

Princípio metodológico a ser igualmente aplicado na pós-alfabetização.

Sem outra intenção senão a de exemplificar, poderíamos tomar a palavra geradora arroz, cuja significação para a Guiné-Bissau é indiscutível, e ver como, a partir da riqueza temática a ela referida, se poderia organizar grande parte do conteúdo programático, não somente da alfabetização de adultos, mas da pós-alfabetização, da escola primária e mesmo da secundária.

Num tal esforço, naturalmente, a equipe que a ele se entregasse estaria atenta quanto aos princípios gerais da política do Partido e do Governo — o projeto da sociedade, que ilumina, como sublinhei antes, o que conhecer, o como, o para que, o em favor de que e quem conhecer, bem como o que produzir, o como, o para que e o para quem produzir.

Sem me preocupar com a indicação de todas as áreas temáticas associadas à palavra arroz, nem tampouco preocupar-me com a sua sequência rigorosamente ordenada, indicarei algumas delas que, necessariamente, se referem a outras tantas, não sugeridas aqui.

A temática de cada uma das unidades de aprendizagem ou de conhecimento que apresentarei, repito, em caráter puramente exemplificador, seria ordenada, certamente de maneira diferente e muitíssimo mais completa, se tratada por uma equipe interdisciplinar, preponderantemente nacional. E seria, por outro lado, enriquecida de matizes que nos passam despercebidos quando submetida ao debate dos educandos que dariam assim sua contribuição à organização do conteúdo programático de sua própria educação.

Como introdução ao estudo das diferentes unidades programáticas, relacionadas entre si, em torno do arroz, se poderia analisar as relações entre os seres humanos e a natureza, tomando-se sempre, como ponto de referência, a realidade concreta dos educandos e sua prática nesta realidade.

Tal análise envolve a clarificação de uma série de pontos importantes, a alguns dos quais, apenas, farei referência. O trabalho é um deles. A análise do trabalho, a partir da compreensão do trabalho concreto que realizam os indivíduos e não a partir da ideia de trabalho.

A discussão em torno do trabalho, que "é, em primeiro lugar, um processo entre a natureza e o homem, processo em que este realiza, regula e controla, por meio de sua própria ação, seu intercâmbio de matéria com a natureza",[42] abre, por sua vez, a possibilidade ao debate em torno da cultura, que, em si, constitui uma unidade de estudo das mais importantes.

A cultura e a identidade nacional. As positividades e as negatividades desta cultura. A necessidade de superação das últimas, que Cabral costumava chamar de "fraquezas" da cultura. A cultura e a produção do arroz. A cultura e a saúde. A cultura e a comida. A cerâmica, a escultura em madeira, a dança. A invasão cultural. A alienação cultural.

Por outro lado, a análise, ainda, do trabalho, viabiliza o estudo de seu processo, de sua organização social. O estudo dos diferentes modos de produção: o pré-capitalista, o capitalista, o socialista.

Tudo isto, obviamente, de uma forma simples. Nem simplista, nem sofisticada.

Gostaria, nesta altura, de sublinhar alguns pontos. Primeiro, que o fato de ser esta uma temática introdutória não significa, de maneira alguma, que não esteja presente também na discussão das unidades que se seguem. Segundo, que na sua discussão, que implica a elaboração de materiais audiovisuais os mais variados, não se deve fazer nenhuma concessão às arrancadas oratórias e verbalistas.

---

[42] Karl Marx, op. cit., v. I, p. 130.

Finalmente, me parece importante salientar que a posição, nem sempre explícita, segundo a qual uma tal temática, por "ser demasiado teórica, não interessa aos trabalhadores camponeses e urbanos nem por eles pode ser percebida", implicitando uma falsa visão da teoria, é eminentemente elitista.

Amílcar Cabral, em verdadeiros seminários de capacitação para militantes, analisou temas de alta relevância prático-teórica, de maneira realmente concreta e objetiva. Jamais minimizou a capacidade de conhecer de seus camaradas camponeses. É que a afirmação de Amílcar de que o intelectual pequeno-burguês precisa ter a coragem de suicidar-se como tal para, renascendo como trabalhador revolucionário, poder dar uma contribuição real à luta de libertação, não era nele uma frase feita, um jogo retórico de palavras.

Amílcar Cabral falou do que fazia. Daí que jamais se tivesse admitido como possuidor exclusivo da verdade e do conhecimento revolucionário que ele devesse, no máximo, num gesto momentâneo de desprendimento, oferecer, como presente, a seus camaradas camponeses. Pelo contrário, como todo verdadeiro revolucionário, Cabral foi sempre um educador-educando de seu povo, de quem era, ao mesmo tempo, por isso mesmo, um aprendiz constante.

Suas análises sobre "o papel social do campesinato", sobre a "unidade e a luta", sobre a "realidade", para citar somente estas, são um exemplo do que acabo de afirmar.

Por outro lado, minha prática há bastante tempo no Recife começou, não propriamente no domínio da alfabetização, mas no da pós-alfabetização, não importando, num aparente paradoxo, se os participantes dos Círculos de Cultura eram alfabetizados ou não. Prática em que alguns dos temas aqui referidos foram discutidos por sugestão dos próprios participantes.

No decorrer de minha prática é que percebi a origem da surpresa que me assaltava, nos começos dela, diante das posições críticas que operários desescolarizados assumiam na análise de temas, até então para mim considerados como exclusividades de universitários. Minha surpresa tinha sua origem na minha posição de classe, agravada por minha formação universitária, talvez dissesse melhor, por meu treinamento universitário elitista.

Foi a partir dos resultados daqueles primeiros trabalhos que me dediquei à alfabetização de adultos, não hesitando em propor, como introdução ao aprendizado da leitura e da escrita, uma unidade sobre a compreensão crítica da cultura.

Vejamos agora algumas das possíveis unidades temáticas, ligadas entre si, em torno da palavra arroz e alguns de seus temas.

PRODUÇÃO DO ARROZ

Geografia do arroz

Política do arroz

História do arroz

Saúde e arroz

Produção do arroz: A produção do arroz na Guiné-Bissau, partindo-se da análise desta, na área em que se esteja trabalhando na etapa da alfabetização ou da pós-alfabetização. As relações sociais de produção. Técnicas agrícolas para a semeadura e a colheita do arroz — em áreas molhadas ou secas. Preparação das áreas a serem cultivadas. Técnicas tradicionais; técnicas modernas. Problemas fitopatológicos.

A visão cultural dos diferentes grupos étnicos, seus instrumentos de trabalho, suas técnicas.

Análise comparativa entre a cultura do arroz e outras culturas necessárias à reconstrução do país: o amendoim, o milho, a batata-doce, a mandioca, o caju.

Agricultura e indústria.

Produção e distribuição dos produtos agrícolas.

Hectares plantados e produção por hectare.

Medidas necessárias para aumentar as áreas cultivadas e para intensificar a produtividade por hectare.

O papel do arroz na economia geral do país. A distribuição interna do arroz e sua comercialização externa.

Os mecanismos do comércio externo. As divisas e a reconstrução do país. Defesa dos interesses nacionais.

As cooperativas de produção etc.

Geografia: A geografia do arroz na Guiné-Bissau, partindo-se, como sempre, da área em que se trabalha na alfabetização ou na pós-alfabetização.

A geografia internacional do arroz.

Política: A política do Partido e do Governo com relação ao arroz e à produção geral do país. Defesa dos interesses nacionais etc.

História: O arroz na Guiné-Bissau. O arroz nas outras regiões do mundo.

Saúde: Arroz, nutrição e saúde. Saúde e trabalho. Saúde e educação. Saúde, trabalho, educação e o esforço de reconstrução do país.

Antes de finalizar, gostaria de fazer alguns comentários adicionais sobre certos aspectos do dinamismo de um esquema como este, ou semelhante a ele, cuja realização, bem sei, coloca uma série de problemas e dificuldades.

O primeiro aspecto que sublinharei é a possibilidade que se tem, por exemplo, de, ao estudar-se a geografia do arroz, estudar-se a geografia do país; ao estudar-se a história do arroz, discutir-se a história do país, a história das primeiras resistências ao invasor, a história da luta pela libertação, a história que se faz hoje, a da reconstrução do país para a criação de uma nova sociedade.

Ao estudar-se, finalmente, a Guiné-Bissau, nos mais variados e interligados ângulos, situá-la no contexto africano e este no mundial.

Outro aspecto importante é o papel ativo que devem ter os participantes dos Círculos de Cultura, desde o momento mesmo das primeiras discussões, quando da apresentação do pré-programa, como projeto de trabalho. O papel ativo que indivíduos e grupos de indivíduos devem ter, se aceito o projeto, na coleta de certos dados locais, referentes a certos pontos do programa. Dados locais sobre a cultura do arroz (na área), sobre o modo como se faz esta cultura, sobre o número de hectares cultiváveis e em cultivo, sobre as dificuldades com que se defrontam os camponeses no seu trabalho diário, sobre o número de habitantes da Tabanca, sobre a distribuição, sobre as vias de comunicação, sobre os instrumentos de trabalho, sobre a saúde, a educação etc. Atividade investigadora altamente formadora, cujos resultados aumentam o conhecimento dos educadores ou lhes fornecem estes conhecimentos.

Mais ainda, cujos resultados se constituem num aporte de inestimável valor para o Partido e o Governo, que deles devem ser inteirados.

No Chile foram realizados projetos assim, em que os camponeses faziam o diagnóstico sociocultural de suas comunidades, responsabilizando-se, inclusive, pelo tabelamento dos dados obtidos.

O esquema apresentado, a título de exemplo, gira em torno da palavra arroz, como poderia estar referido à palavra milho, à palavra amendoim etc.

Durante a etapa da alfabetização, a análise desta temática, como da temática referida às demais palavras geradoras, ligadas sempre a problemas concretos, locais, regionais, nacionais, é, necessariamente, uma análise introdutória. Seu aprofundamento vai se dar, exatamente, na pós-alfabetização. Neste sentido é que esta é, como ficou dito no começo desta carta, a continuidade aprofundada e diversificada do mesmo ato de conhecimento que se inicia naquela.

Insista-se em que a posta em prática de um projeto como este ou de algo semelhante, no campo da alfabetização e da pós-alfabetização, coloca problemas realmente sérios no setor de sua organização, tanto quanto possível descentralizada, no da capacitação dos educadores, no da preparação do material didático necessário.

Na verdade, porém, na medida em que pretendemos um mínimo de eficiência no estabelecimento das relações entre a alfabetização, a pós-alfabetização e a produção, devemos estar advertidos de que os desafios, nem sempre fáceis de serem respondidos, que teremos de enfrentar são múltiplos e variados. O da capacitação dos educadores militantes é um deles. Educadores que se encontrarão em diálogo com os educandos militantes, mediatizados pela realidade que juntos devem transformar e conhecer.

Como um todo, as relações entre a educação (alfabetização-pós-alfabetização) e a produção envolvem dois níveis presos entre si. O da compreensão do processo mesmo da produção — o que produzir, como produzir, para que e para quem produzir — e o da introdução de novas técnicas de trabalho, que implicam novos instrumentos e o seu uso.

Se considerarmos apenas estes dois pontos que, em si, obviamente não esgotam o universo da capacitação dos educadores militantes, perceberemos quão sério e complexo é o desafio que temos todos. O importante, na resposta a ele, é que, conscientes de sua seriedade e de sua complexidade, evitemos, porém, cair na tentação do perfeccionismo.

Façamos hoje o melhor com o mínimo de que dispomos. Só assim nos será possível fazer amanhã o que hoje não pode ser feito.

Com o abraço fraternal de
Paulo Freire

Engenheiro Mário Cabral
Comissariado do Estado para Educação e Cultura
Bissau
Genebra, 3 de fevereiro de 1976

Camarada Mário,

A esta altura, você já deve ter recebido a carta que Miguel lhe enviou, a propósito de nossa próxima visita.

Tenho a satisfação de remeter-lhe cópia de mais uma carta dirigida à equipe, através da camarada Mônica e em resposta à que ela me fez, pondo-nos a par de uma série de atividades realmente significativas no setor da alfabetização e da pós-alfabetização, no seio das FARP.

Através de Mônica soubemos da criação da Comissão Nacional, com a qual me parece importante que nos encontremos quando de nossa estada aí.

Creio indispensável debater com ela alguns aspectos, pelo menos, da problemática geral da alfabetização, da pós-alfabetização e de suas necessárias conexões com o sistema educacional do país, bem como as relações deste sistema com o projeto global da sociedade que se busca criar. Aspectos a que me referi na última carta à equipe, de que também lhe mandei cópia.

Ansioso por estar aí com todos vocês,
vai aqui o abraço fraternal do
Paulo Freire

GENEBRA, 3 DE FEVEREIRO DE 1976 (CARTA Nº 4)

CAMARADA TERESA MÔNICA,

Acabo de receber sua carta e me apresso em escrever-lhe algo, mesmo que estejamos às vésperas de nossa próxima visita à Guiné, quando, espero, poderemos discutir, em equipe, os pontos a que você se refere, de maneira, talvez, mais aprofundada.

Hoje farei apenas uns poucos comentários — primeiras reações — aos aspectos centrais de sua carta.

O primeiro deles diz respeito à pós-alfabetização, sobre que me estendi um tanto na última carta e em que pretendi enfatizar, sobretudo, que a pós-alfabetização é a continuidade aprofundada e diversificada do mesmo ato de conhecimento que se inicia na alfabetização.

Tanto quanto pude perceber, através de sua carta, vocês estão realizando algo interessante no domínio da pós-alfabetização, mesmo que lhe pareça, numa posição crítica elogiável, que nem tudo o que estão fazendo os convença de todo.

A ideia do livro básico, a ser usado pelos "coordenadores", em seminários de capacitação para a pós-alfabetização e a cujos diferentes textos vocês pensam juntar considerações ou análises no campo da linguagem e da iniciação científica, "a um nível perfeitamente viável à maioria dos alfabetizandos" que dominarem a primeira etapa do processo de sua aprendizagem, me parece realmente boa.

A este propósito gostaria, contudo, de fazer dois comentários. Devo insistir, porém, que o primeiro destes comentários de modo nenhum encerra uma crítica ao projeto de vocês. Ao fazê-lo, é como se estivesse simplesmente pensando alto. E o segundo é uma indagação que se alonga em sugestão.

Quando, referindo-se ao livro para os coordenadores, você diz: "Para cada texto (do livro) explorar um conteúdo gramatical e científico a um nível de 4ª classe", temo que a equipe se deixe marcar pela concepção mesma da escola primária tradicional, tomada como acesso necessário à secundária, que, por sua vez, é vista como introdução à superior, no momento inexistente na Guiné-Bissau.

É possível que o meu comentário não tenha nada que ver com a intenção da equipe, mas me parece importante debater este ponto. Mais uma vez vemos como não é possível pensar a alfabetização e a pós-alfabetização desgarradas do sistema educacional global e como, através de medidas concretas, realistas, é tão indispensável quanto urgente que ele seja reformulado. Noutro momento de sua carta você se refere a esta relação entre a alfabetização, a pós-alfabetização e o sistema educacional, quando fala da questão do ensino do português e do creoulo.

Tentando clarificar melhor o meu receio, o que me leva a um certo retorno à carta anterior, diria que devemos evitar, desde já, qualquer tipo de equivalência formal e, pior ainda, legal, entre o conteúdo programático da alfabetização e da pós-alfabetização e os diferentes graus da escola tradicional que, quanto mais cedo seja substituída por um novo modelo, condizente com o projeto global da nova sociedade, melhor.[43]

O importante, na verdade, é que o alfabetizando se engaje num ato de conhecimento que se vai aprofundando e diversificando em função de sua atividade produtiva, sem ter diante de si o mito de uma escola secundária em que se "promova" e que alcançará se satisfizer as exigências curriculares da primária, durante a experiência da alfabetização e da pós-alfabetização. Neste sentido, o fundamental é que o novo sistema educacional, a emergir da prática social que se dá no país, não seja algo piramidal — uma totalidade que se componha de parcialidades cuja "vocação" ou razão de ser seja selecionar os educandos para encaminhá-los à etapa posterior.

Desta forma, a educação chamada primária, enquanto "província" do sistema total, mesmo que mantenha relações com as demais, não é, porém, concebida como uma "estrada" que conduz a um ponto superior. Discutindo o sistema educacional que deve estar a serviço do projeto socialista tanzaniano, diz o presidente Nyerere em seu excelente trabalho *Education for Self-Reliance*: ..."a educação dada em nossas escolas primárias deve ser uma educação completa em si mesma. Não deve continuar a ser uma simples preparação para a escola secundária. Em lugar", continua Nyerere, "de as atividades da escola primária estarem voltadas ao exame competitivo que seleciona os

[43] Isso não significa, de modo algum, que, mais tarde, na medida em que o novo sistema educacional vá tomando forma, não se façam equivalências entre a pós-alfabetização e os níveis do ensino básico.

poucos que vão à escola secundária, devem ser a preparação para a vida que a maioria das crianças viverá".[44]

Creio ser interessante aclarar, mesmo num rápido comentário, que, no pensamento de Nyerere, "preparation for the life" não tem a mesma significação ingênua segundo a qual a escola, fora da vida, seria um centro de preparação para ela. Uma espécie de parêntese, feito na vida, em que nos capacitássemos para, em seguida, ingressar nela. Concepção que mereceu lúcida crítica de Dewey, para quem a escola haveria de ser vida mesma, e não preparação para ela.

Em Nyerere, a preparação para a vida se dá na compreensão crítica da vida que se vive, somente como é possível criar novas formas de vida. Daí que seu pensamento pedagógico-político esteja empapado do real, do concreto, na prática de cuja transformação ele centra a atividade educativa.

Não sei se terei sido suficientemente consistente neste comentário que, repito, não implica nenhuma crítica negativa ao projeto do livro a que você faz referência.

O segundo comentário me leva a outro tópico de sua carta — o em que você fala da "quantidade enorme de escritos, verdadeiras obras históricas, feitos pelos alfabetizandos" e que vocês "não sabem qual a melhor forma de os utilizar".

Insistindo num dos ângulos já discutidos por nós, indagaria se o projeto do livro para os coordenadores não poderia constituir-se numa excelente oportunidade de aproveitamento de, pelo menos, alguns dos textos escritos pelos alfabetizandos. Inserindo alguns destes textos no livro, caberia à equipe, em linguagem simples, e em seguida a cada texto,

[44] Julius Nyerere, *Essays on Socialism*. Oxford: Oxford University Press, 1968, p. 61.

fazer considerações sobre este ou aquele aspecto a que o mesmo se referisse.

Mas, deixando de lado agora o projeto do livro para os coordenadores e fixando-nos nos trabalhos escritos pelos alfabetizandos, por que, por exemplo, aproveitando o dinamismo que se vem logrando (referido noutro tópico de sua carta) não apenas na intimidade de cada círculo, mas nas relações entre alfabetizandos de círculos diferentes, através de cartas, não começar a intercambiar também os textos? Textos que, lidos e discutidos, poderiam provocar a redação de outros como respostas aos desafios neles contidos.

Por outro lado, antes mesmo que se possa editar um livro completo, com esses trabalhos, para diferentes usos, se poderia pensar também, à raiz do que discutimos aí, na sua publicação periódica por *Nô Pintcha*, bem como no seu aproveitamento num programa de rádio a ser estruturado para esse fim.

Em qualquer das diferentes e não exclusivas formas de aproveitamento desse material me parece que se deveria enfatizar a força criadora do povo, indispensável ao empenho de reconstrução do país.

Creio que em torno do que se poderia considerar como ensaios da pós-alfabetização — sobre o que insisti na última correspondência — você dá exemplos bastante interessantes na sua carta.

A leitura e a discussão de temas propostos pelo jornal de Bissau,[45] trabalhos escritos e orais em torno de datas importantes do país ou sobre acontecimentos da luta relacionados com cada participante dos círculos, na sua experiência de combatente, são alguns desses exemplos. A eles acrescenta-

[45] *Nô Pintcha.*

ria ainda a discussão em torno do tema *Fábrica*, à maneira do que propus em volta do tema *Arroz*, a propósito da qual você diz que "há muito de profundo no que toca às constatações feitas pelos alfabetizados".

É a reflexão crítica sobre a prática diária de vocês com os alfabetizandos e com os coordenadores que mais que outra coisa lhes irá abrindo caminhos para preencher "certas lacunas" que você constata no trabalho ao nível em que se encontra hoje. Esta reflexão crítica sobre a prática dando-se é absolutamente indispensável e não deve jamais ser confundida com um blá-blá-blá alienado e alienante. Enquanto fonte de conhecimento, a prática não é, porém, a teoria de si mesma. É entregando-se constantemente à reflexão crítica sobre ela que a prática possibilita a sua teoria que, por sua vez, ilumina a nova prática.

Por isso é que sempre insisto em que minhas cartas não têm nada de prescritivas. São antes desafios que lhes faço e me faço para que nos engajemos na prática da reflexão sobre a prática num projeto em processo, que não repete, necessariamente, em todos os seus aspectos, as experiências de que antes participei.

O problema que se lhe apresenta como fundamental — uma das lacunas que você menciona — na pós-alfabetização é o de como nela integrar, sobretudo, os vários aspectos referentes à reconstrução do país. A questão central que este problema coloca está em que a reconstrução do país não pode ser reduzida a um puro objeto de conhecimento que se desse à nossa curiosidade. Como, por exemplo, se tentássemos compreender um arado em suas diferentes peças, em seu mecanismo, em seu funcionamento. A reconstrução nacional necessita de uma variedade de conhecimentos em diferentes níveis e áreas, ligadas entre si e em relação direta com o projeto global da sociedade. Não pode ser algo de que se fala como algo que foi, mas algo que se conhece na prática de fazê-lo. Daí a necessidade de relacionar a educação em geral à atividade produtiva, fonte daquela variedade de conhecimentos necessários ao dinamismo que deve caracterizar o esforço de reconstrução.

Na carta que Miguel acaba de enviar ao camarada Mário Cabral sobre nossa próxima visita prevemos uma conversa tanto quanto possível ampla sobre este ponto.

Outro aspecto sobre o que você se estende em sua carta e que urge ser retomado, como você sugere, em nossa próxima visita, é o problema da língua em que alfabetizar.

Na verdade, o processo de libertação de um povo não se dá, em termos profundos e autênticos, se esse povo não reconquista a sua palavra, o direito de dizê-la, de "pronunciar" e de "nomear" o mundo.

Dizer a palavra enquanto ter voz na transformação e recriação de sua sociedade: dizer a palavra enquanto libertar consigo sua língua da supremacia da língua dominante do colonizador.

A imposição da língua do colonizador ao colonizado é uma condição fundamental para a dominação colonial, que se estende na dominação neocolonial. Não é por acaso que os colonizadores falam de sua língua como língua e da língua dos colonizados como dialeto; da superioridade e riqueza da primeira a que contrapõem a "pobreza" e a "inferioridade" da segunda.

Só os colonizadores "têm" história, pois que a dos colonizados "começa" com a chegada ou com a presença "civilizatória" daqueles. Só os colonizadores "têm" cultura, arte, língua e são civilizados cidadãos nacionais do mundo "salvador". Aos colonizados lhes falta história, antes do esforço "benemérito" dos colonizadores. São incultos e bárbaros "nativos".

Sem o direito de autodefinição, são "perfilados"[46] pelos colonizadores. Não podem, por isso mesmo, "nomear-se" nem "nomear" ao mundo que lhes é roubado.

Em um dos textos em que discute o papel da cultura na luta de libertação, Amílcar Cabral faz análises que se aplicam, necessariamente, ao problema da língua. Precisamente quando fala da assimilação — desafricanização — das minorias urbanas que, vivendo sob e em volta do poder colonial, se entregam à cultura e à língua dominante, em oposição às grandes maiorias camponesas que, escapando ao poder mais destruidor do colonizador, sobrevivem na preservação dos traços marcantes de sua cultura.

Em certo sentido, essas minorias urbanas, "desafricanizando-se", são assumidas por um estranho "biculturalismo",[47] expressão, na verdade, de sua alienação cultural e a que nem sempre corresponde um bilinguismo. Tanto mais alienadas essas minorias urbanas quanto mais se esforçam por negar suas raízes, para esquecer ou jamais aprender a língua de seu povo, definida pelo colonizador como dialeto, como algo pobre e inferior. Desta maneira, "nostalgicamente" atraídas pela cultura dominante, que as perfila como inferiores, se negam na negação de sua cultura. Daí a insistência com que Amílcar Cabral falava na necessidade de "reafri-

---

[46] Ver, a esse propósito, Albert Memmi, op. cit.

[47] Ver Louis-Jean Calvet, *Linguistique et Colonialisme: petit traité de glottophagie.* Paris: Payot, 1974.

canização" daqueles intelectuais que se dessem verdadeiramente à causa da libertação.

A este "biculturalismo" estranho, as populações rurais conseguem ficar imunes e, acasteladas em sua riqueza cultural, de que até mesmo o que Amílcar Cabral costumava chamar de "debilidades" da cultura fazia parte, preservaram sua língua. Língua com que não apenas se comunicavam, mas também se defendiam da alienante agressão colonial.

A sociedade que, superando o seu estado de dependência colonial, procura refazer-se revolucionariamente, como é o caso da Guiné-Bissau, não pode escapar, realmente, ao equacionamento de seu problema linguístico. Problema que já estava posto na etapa mesma da luta por sua libertação.

Daí a urgência, caso o creoulo, que deve estar para o português como este para o latim, se afirme como língua nacional, de um sério esforço a ser feito no sentido de sua "regulamentação", como língua escrita, pois que, enquanto língua que se fala, já tem sua estrutura.

O papel que o creoulo vem jogando — e que você sublinha em sua carta — na unidade nacional, desde os tempos duros da luta, parece indiscutível. Não temeria, por isso mesmo, colocar o trabalho de sua "regulamentação", como língua escrita, que demanda, obviamente, a orientação de linguistas competentes, entre as prioridades da luta pela reconstrução do país.

Compartilho, pois, de suas inquietações que, sobretudo, resultam de sua prática.

Com o abraço fraterno do
Paulo Freire

Genebra, abril de 1976

Camarada Mário Cabral,

Estou remetendo-lhe algumas cópias — uma para você — da carta que acabo de escrever à Comissão de Alfabetização — outras para, a seu juízo, serem entregues a camaradas a quem o conteúdo da mesma possa interessar.

Uma intenção fundamental me move toda vez que escrevo aos camaradas, ora cartas menos longas, ora mais extensas — a de provocar em mim, enquanto as escrevo, nos camaradas, enquanto as leiam, uma reflexão crítica em torno de problemas concretos que estamos todos enfrentando na fascinante experiência que é o esforço de reconstrução do país.

Ao falar, em parte, de projetos educativos vividos por Elza e por mim, anteriormente, com a mesma intensidade com que agora nos entregamos à problemática de nossa Guiné; ao narrar retalhos de experiências de que tenho conhecimento indireto, por leituras, ou ao descrever outras que vi de perto, a intenção continua a mesma — a de convidar os camaradas a quem escrevo a assumir uma posição crítica, de que resulte a possibilidade de recriar as sugestões que vou fazendo ao correr da pena.

Longe de mim, portanto, pensar que cada carta minha deva ser tomada como uma espécie de ABC, de fórmula acabada, o que seria, de resto, não apenas a expressão de um desrespeito pelos camaradas, mas também a demonstração de que não teria percebido que uma das melhores características de vocês está na harmonia que vocês conseguem entre a humildade verdadeira que os permite aceitar a contribuição estrangeira adequada aos interesses do país e o sentido profundo da autonomia que não pode ser ferida. Estas virtudes — que expressam a maturidade política de vocês — não se aprendem em seminários nem são fabricadas em laboratórios. O PAIGC, por sua vez, não as inventou. Constituiu-se nelas que se forjaram na práxis da libertação em que o povo oprimido da Guiné foi o grande educador-educando de seus líderes. Amílcar Cabral é o símbolo perfeito dessas virtudes.

Foi exatamente esse espírito de autorrespeito, de vigilância, de cuidado com a história que ao ser feita por vocês os está re-fazendo que provocou em todos nós do IDAC este quase irrefreável desejo de oferecer o melhor de nós à luta de vocês pela reconstrução da Guiné-Bissau e de Cabo Verde. O melhor de nós, que reconhecemos ser apenas um mínimo, consideradas as limitações de cada um.

Talvez pudesse dizer, perdendo agora um pouco a humildade, que uma das melhores maneiras de se lerem minhas cartas seria a de, após tentar a compreensão de sua globalidade, procurar retirar delas possíveis linhas de trabalho que me passaram despercebidas, mas que se encontram ocultas numa ou noutra afirmação no corpo das mesmas. No fundo, ler profundamente uma carta é reescrevê-la.

Tenho andado um pouco abalado de saúde, o que me fez cortar certos compromissos. Não há dúvida porém de que em breve estaremos aí novamente, quando espero fazer um solene reencontro com as mangas e os cajus — saudades grandes que tenho!

Pretendemos Elza e eu ficar uns dias além da semana oficialmente programada para alguma atividade extra — uma delas junto à comissão de alfabetização, não a nacional — com Mônica, Edna, Alvarenga, Paulo e José. Outras atividades para esse tempo extra podem ser organizadas aí com nossa presença.

Um abração para você, para a camarada Beatriz e carinhos ao querido neto Pansau (desta vez, creio, está correta a grafia),

Paulo

P.S. impertinente: Querido camarada Mário,
Mesmo que esteja sem notícias daí, espero que a comissão recentemente recriada por você na última reunião de síntese, em fevereiro, e a quem escrevi a carta cuja cópia lhe envio, já esteja funcionando, com Edna, Mônica, Alvarenga, Paulo e José — não sei se haverá outras pessoas. O papel desta comissão é realmente importante. A dinâmica do trabalho na área civil dependerá muito do que se possa fazer no seio da comissão que, por sua vez, deve ainda fornecer materiais à Comissão Nacional à qual cabe pensar as linhas mais gerais da política da campanha. Fiz um apelo idêntico ao camarada Julinho, do ponto de vista das FARP.

Perdoe a insistência — ela é, porém, insistência de camarada.

Paulo

Genebra, abril de 1976 (Carta nº 5)

Camaradas Mônica, Edna, Alvarenga, Paulo e José,

Esta é a primeira vez que, de maneira explícita, quase "oficial", lhes escrevo, dirigindo-me à *Comissão*, não apenas criada, mas, espero, em plena função, e que se compõe de representantes de diferentes setores no campo da alfabetização que atuam, porém, dentro dos mesmos marcos que orientam a política do PAIGC e do Governo.

Em setembro do ano passado, quando de nossa primeira visita ao país, na parte final de nosso trabalho, a que se chamou "reunião de síntese", sob a coordenação do camarada Mário Cabral e com a presença de representantes dos vários departamentos do Comissariado de Educação e da equipe do IDAC, entre um bom número de pontos concretos e viáveis que constituem hoje núcleos centrais do nosso programa de colaboração, se encontrava a criação de duas comissões que, por sua vez, não fechavam as portas a outras comissões ou subcomissões ou comitês, que a prática viesse a exigir.

A primeira das comissões a ser criada se comporia, pelo menos num início, de representantes que atuassem nas bases como responsáveis pelo andamento de Círculos de Cultura na alfabetização e na pós-alfabetização, num setor específico, o das FARP, por exemplo, e representantes de setores da área civil, com projetos em andamento — projetos junto a comitês políticos de bairro, de juventude, de mulheres etc.

O papel fundamental desta comissão, na verdade indispensável, era o de, inicialmente, assegurar uma certa regularidade na ação entre os diferentes setores de trabalho, proporcionando ainda a seus membros uma excelente oportunidade de, discutindo sobre suas específicas experiências, aprenderem mutuamente dos acertos e dos equívocos praticados.

No fundo, as reuniões desta comissão devem ser sobretudo reuniões de avaliação,[48] no sentido em que numa de minhas cartas falei da avaliação. Quer dizer, de uma ação em que A e B avaliam juntos uma prática dada ou dando-se, em função de certos objetivos, sobretudo políticos, que iluminam a prática avaliando-se para que, assim, possam na próxima prática ser mais eficientes.

Por isso mesmo é que, em reuniões como estas, de camaradas militantes, nada pode ser ocultado: nem o acerto nem o equívoco. Ocultá-los é que constitui o verdadeiro erro.

No esforço fantástico em que estamos todos engajados na Guiné-Bissau e em Cabo Verde, o problema que se nos coloca não é o de sermos individualmente excelentes especialistas, mas o de aprender a realizar, em equipe, o viável, cada vez mais corretamente.

É importante que não nos deixemos enlevar por nossas positividades, fazendo delas uma cobertura, discreta ou não, para algumas debilidades, ou que tentemos transferir a causa de nossas debilidades a fatores inexistentes. Como camaradas militantes comprometidos na mesma luta, com os mesmos objetivos, devemos aprender esta coisa óbvia: ninguém sabe tudo, ninguém ignora tudo. O caminho, pois, para superar nossas fraquezas está em não escondê-las, mas em discuti-

[48] De programação também.

-las em função do concreto onde elas se expressam, como o caminho de confirmar as nossas positividades jamais poderá ser o de guardá-las avidamente conosco.

Ambos esses casos a que me referi são casos-limite, expressões de uma certa ideologia individualista contra que, mais uma vez com Amílcar Cabral, devemos estar vigilantes.

Finalmente, os esforços desta comissão, de que o camarada Mário Cabral e o camarada Júlio de Carvalho estarão sempre a par e, quando possível, deles participando diretamente, melhorarão, corrigirão, desenvolverão a prática realizando-se nas bases e se constituem como subsídios indispensáveis à tarefa da Comissão Nacional, já em ação e que, partindo do conhecimento do que se vem fazendo a nível local e regional, pensa as linhas políticas gerais do programa.

É portanto a esta comissão que ora escrevo, convencido de sua existência, dada a maneira enfática com a qual sua criação foi uma vez mais proclamada pelo camarada Mário Cabral quando da reunião de síntese de nossa última visita em fevereiro. É possível, porém, que haja omitido algum nome, pelo que me desculpo.

Gostaria de, centralmente, retomar nesta carta, em que estarei tocando num ou noutro ponto já referidos nas anteriores, uma proposta de trabalho que fiz, há seis anos, a um grupo de educadores latino-americanos no México.

Talvez seja interessante, porém, chamar a atenção, imediatamente, para o fato de que não é minha intenção tomar a proposta apresentada como um projeto (mesmo que, constantemente, fale em projeto no corpo da carta) e, de acordo com os princípios normais de apresentação de um projeto, analisá-lo detidamente em suas diferentes etapas, incluindo o capítulo necessário às previsões orçamentárias. Este será um trabalho posterior a ser feito se, primeiro, as ideias aqui apresentadas como sugestões têm alguma coisa realmente que ver com a realidade do país; segundo, se as sugestões coincidem com os objetivos imediatos do Partido e do Governo, quanto às relações entre educação e produção, apresentando, assim, uma certa viabilidade em face das condições do país.

Antes mesmo de desenvolver a proposta, direi, rapidamente, algo sobre dois fatos que me levaram, pelo menos indiretamente, a pensar em expressá-la. O primeiro, bem mais remoto, foi a minha própria experiência, criança ainda, sendo alfabetizado por meus pais, à sombra de mangueiras frondosas, no quintal da velha casa em que nasci, no Recife.

As palavras com que me alfabetizei eram palavras de meu universo vocabular infantil, que eu ia escrevendo no chão, meu "primeiro quadro-negro", com gravetos, meu "primeiro giz".

O segundo fato, o mais recente, se deu no Chile, onde e quando tive a oportunidade de ver, gravadas no chão dos caminhos que levavam às áreas de cultivo, palavras escritas pelos camponeses recém-alfabetizados, com seus instrumentos de trabalho.

Estes dois fatos, tão distantes entre si, ao mesmo tempo tão próximos em certos aspectos um do outro, me fizeram pensar nas sugestões há tanto tempo feitas e agora renovando-se nesta carta e porque renovando-se ganhando matizes novos que não tinham quando de sua primeira apresentação.

A ideia básica da proposta é a de tomar uma área de produção agrícola, que esteja sofrendo ou prestes a sofrer, de acordo com a análise feita na carta nº 3, alguma transformação infraestrutural, como um Círculo de Cultura em si mesmo. Desta forma, a experiência existencial da população, como um todo de que a atividade produtiva é uma dimensão central, se constitui como a matriz de todo o quefazer educativo, não só no plano da alfabetização e da pós-alfabetização de adultos, mas também no da educação de crianças e de adolescentes. Neste sentido, enquanto contexto concreto em que se dá a prática produtiva, ela é também contexto teórico, no qual se pensa sobre aquela prática. Tanto quanto possível, portanto, se tenta a compreensão do movimento dinâmico entre prática e teoria no contexto mesmo da prática.

Isto significa, de um lado, que a atividade educativa, no setor da alfabetização e da pós-alfabetização de adultos, como no das crianças e dos adolescentes, se pode dar no campo mesmo (embora não exclusivamente) à sombra de uma árvore, nos meses de sol, e sob o abrigo de palhoças (palhotas) funcionalmente construídas pela própria comunidade, no período das chuvas, até que melhores condições de abrigo aparecessem. De outro, que a educação como ato de conhecimento e atividade eminentemente política, centrando-se numa temática que emerge da realidade concreta dos educandos e associada à produção, deve ser vista como um fator importante no processo de transformação do pensamento do povo, algo sobre o que Amílcar Cabral sempre insistiu. Desta forma, o tempo a ela dedicado, sobretudo no caso da alfabetização de adultos, dentro mesmo da jornada de trabalho, se e quando necessário, deve ser considerado como tempo igualmente dedicado à produção.

A primeira grande "codificação", cuja descodificação vai desvelando uma série de aspectos componentes do processo de trabalho, é o contorno natural da área, já alongado em contorno cultural, pela presença transformadora dos seres humanos nele.

Num tal projeto, na medida em que a vila é tomada, toda ela, como um grande Círculo de Cultura, todos nela se vão engajando, num processo educativo em que todos se vão tornando, ao mesmo tempo, educandos e educadores uns dos outros. O trabalho baseado na ajuda mútua, no tratamento da terra, na semeadura, na colheita, na construção de "palhotas", nos serviços mínimos necessários à higiene local, deve ser estimulado ao máximo, discutindo-se as vantagens do mesmo sobre as atividades de caráter individualista.

Em última análise, um tal projeto visa a sistematizar, sem jamais burocratizar, a experiência educativa assistemática, em tempo algum estranha a nenhuma comunidade humana.

O papel de uma pequena equipe de educadores, devidamente capacitados e que devem incorporar-se totalmente à vida comunitária, participando de sua atividade produtiva da mesma forma que os camponeses, seria, entre outros, o de tentar aquele esforço de sistematização a que me referi. Esforço a ser realizado *com* a população e nunca simplesmente *para* ela.

O marco geral em que se configurará o conteúdo programático da educação — o que conhecer[49] — em qualquer de seus níveis é, como disse antes, a experiência existencial da população, tomada como um todo, de que a atividade produtiva é uma dimensão determinante.

---

[49] A propósito da delimitação do que conhecer, do como, do para que etc., ver a Carta nº 3.

No fundo, numa educação como esta, o que se pretende é o exercício de uma reflexão crítica, aprofundando-se cada vez mais sobre a maneira espontânea como os seres humanos "se movem" no seu mundo. É tomar a quotidianeidade mesma em que se encontram, como objeto de sua análise, no sentido de desopacizá-la, alcançando assim, a pouco e pouco e na continuidade da prática, a razão de ser da própria maneira como estão sendo no mundo. Em outras palavras, é superar o conhecimento que permanece preponderantemente ao nível da sensibilidade dos fatos pelo conhecimento que alcança a razão de ser dos mesmos.

Foi isto o que Amílcar Cabral procurou sempre fazer quando, transformando os acampamentos de luta em verdadeiros contextos teóricos, considerava tão importante discutir com os camaradas militantes o andamento da luta, as táticas a serem usadas, os objetivos a alcançar quanto debater a explicação científica dos trovões e dos relâmpagos e a crença nos amuletos.[50] Amílcar Cabral sabia muito bem que uma coisa tinha que ver com a outra.

[50] "A nossa cultura nova, dentro ou fora da escola, temos que pô-la ao serviço de nossa resistência, ao serviço do cumprimento do programa do Partido. Tem que ser assim, camaradas. A nossa cultura deve desenvolver-se ao nível nacional, da nossa Terra. Mas sem desprezar, nem considerar menos, a cultura dos outros, e com inteligência, aproveitando da cultura dos outros tudo quanto é bom para nós, tudo quanto pode ser adaptado às nossas condições de vida. A nossa cultura se deve desenvolver numa base de ciência, deve ser científica, quer dizer, não acreditar em coisas imaginárias. A nossa cultura deve evitar amanhã qualquer um de nós pensar que o relâmpago é mostra de que Deus se enraiveceu, a trovoada é a voz do céu que fala, ou 'IRAN' furioso. Na nossa cultura, toda gente tem que saber amanhã que trovoada são duas nuvens que se chocam, uma carregada de eletricidade positiva e outra carregada de eletricidade negativa, e quando se chocam provocam uma faísca, que é o relâmpago, e um barulho, que é a trovoada." Amílcar Cabral, *PAIGC: unidade e luta*, p. 198-9.

Na medida em que a população vá tomando a sua própria experiência quotidiana — a sua maneira espontânea de "mover-se" no mundo — como objeto de uma reflexão crítica, o conteúdo programático da educação vai emergindo em alguns de seus elementos básicos. Conteúdo programático que se estrutura em torno de diferentes mas inter-relacionados aspectos que compõem aquela maneira espontânea de "mover-se" no mundo.

Este "mover-se" ou orientar-se espontaneamente no mundo, que implica estar *no* mundo e *com* o mundo, algo mais que viver — envolvendo, indiscutivelmente a consciência de si dos sujeitos que se movem e a consciência do mundo em que se movem —, não significa, porém, que o mundo — realidade — seja tomado como um objeto de real conhecimento. Daí a ênfase de Cabral em que "a nossa cultura deve se desenvolver numa base de ciência, deve ser científica, quer dizer, não acreditar em coisas imaginárias".

Na experiência da quotidianeidade, ao orientar-se na realidade, os sujeitos a tomam como o "campo em que se exerce sua atividade prático-sensível e sobre cuja base surge a intuição prática imediata da realidade".[51]

O fundamental, porém, é que, no processo educativo, a realidade seja tomada pelos sujeitos que nela se "movem" não apenas como o "campo em que se exerce sua atividade prático-sensível", mas também e sobretudo como objeto de um conhecimento cada vez mais rigoroso. Conhecimento que esclarece e ilumina a própria atividade prático-sensível que tem na realidade o campo em que se dá. "A prática utilitária imediata, para citar mais uma vez a Kosik, e o

---

[51] Karel Kosik, *Dialéctica de lo Concreto*. México: Editorial Grijalbo, 1967, p. 25.

sentido comum correspondente põem aos homens em condições de orientar-se no mundo, de familiarizar-se com as coisas e manejá-las, mas não lhes proporcionam uma compreensão das coisas e da realidade."[52] Uma compreensão crítica das coisas e da realidade, acrescentaria eu a Kosik.

Importa-nos, pois, a educadores e educandos militantes, enquanto sujeitos que nos "movemos" no mundo, assumir o papel de sujeitos conhecedores do mundo que transformamos e em que nos movemos. Importa-nos, fundados na análise crítica de nossa prática, ir alcançando um conhecimento cada vez mais rigoroso da realidade em transformação. Conhecimento através do qual se vão superando, pela desopacização da quotidianeidade, certas formas ingênuas de confrontação com o concreto, que se consubstanciam nas "debilidades da cultura" a que Cabral se referia.

Neste sentido é que insisti, na carta nº 3, em que a educação envolve sempre uma certa teoria do conhecimento posta em prática. E que esta teoria posta em prática demanda, na perspectiva do PAIGC, um papel importante do educando. Um papel crítico de quem conhece também e não a atitude passiva de quem apenas recebe o "conhecimento" que se transfere.

Num tal projeto, os educadores militantes, que devem — insista-se — participar da atividade produtiva tanto quanto os habitantes da área, o que vale dizer que devem tornar-se habitantes da área também, procurariam constituir grupos de estudo, com quinze a vinte participantes. Grupos de estudo que, discutindo sobre sua experiência diária, estariam

52 Ib., p. 26.

debatendo a sua prática produtiva, que, por sua vez, possibilitaria a análise de um sem-número de temas a ela ligados.

A mobilização da população da área, que inclui a interpretação do projeto em suas linhas gerais, é o ponto de partida do mesmo. A mobilização da população, por sua vez, implica a sua organização, indispensável ao desenvolvimento eficaz do projeto e se constitui, para os educadores militantes, num primeiro momento em que devem começar a captar as aspirações básicas dos indivíduos e a visão que têm de si mesmos e da realidade em sua experiência quotidiana.

Na verdade, é preciso que o projeto seja assumido, desde o princípio, pela população local como um quefazer seu, que, sendo significativo para ela, lhe possibilite, por outro lado, contribuir para o esforço geral de reconstrução do país.

Estes requisitos são básicos na medida mesma em que coincidem também com os princípios políticos do Partido e do Governo, que estimulam a participação criticamente consciente do povo no empenho da reconstrução nacional e no da criação de uma nova sociedade. Participação sem a qual dificilmente se reconstruirá o país e mais dificilmente ainda se criará a nova sociedade.

Estes dois aspectos — a significação que o projeto deve ter para a população da área e a sua repercussão na luta pela reconstrução do país — devem ser, de um lado, concreta, clara e objetivamente discutidos na fase primeira do mesmo, a de sua interpretação à população local; de outro, constantemente retomados durante todo o processo.

Sem a percepção nítida de ambos e, em muitos casos, sobretudo inicialmente, do primeiro de tais aspectos, sem pretender com isto dicotomizá-los, o projeto pode fenecer antes mesmo de nascer. É que, se para aquelas populações que estiveram desde os começos comprometidas, desta ou daquela forma, com a luta de libertação, a expressão "reconstrução nacional" tem uma significação concreta, para outras, a mesma expressão pode ser demasiado vaga e abstrata. Daí a necessidade de, conforme as circunstâncias, orientar-se a mobilização no sentido da reconstrução da realidade mais próxima da população — sua tabanca e até mesmo as ruas de um bairro. A partir do engajamento numa prática concreta, ao nível local, é possível dar-se o salto ao regional e ao nacional. Por outro lado, é importante, voltando mais uma vez à carta nº 3, que projetos como este se fundem nas transformações estruturais realizando-se ou prestes a realizar-se. Transformações que, movendo o contexto tradicional, criam novas expectativas na população e dão à alfabetização e à pós-alfabetização um caráter de necessidade. Neste sentido se estabelece um dinamismo no processo de conhecimento, não importa o nível em que se esteja dando em relação direta com o dinamismo que se vai operando no contexto em transformação.

Não sei se vocês já leram algo a propósito da transformação de Tachai, pequena vila montanhosa da China setentrional, que o prof. Lee considera "o mais exitoso exemplo de aplicação da alfabetização e da educação ideológica de massas ao desenvolvimento rural".[53]

---

[53] H.P. Lee, "Education and Rural Development in China Today", in *World Year Book of Education*. Londres e Nova York: Universidade de Londres, Institute of Education, Teachers College, Universidade de Columbia, Nova York. Reproduzido em: *Literacy Work*, I.I.A.L.M., v. 4, nº 2, outubro-dezembro de 1974, p. 55.

A experiência de Tachai, que a foi tornando um caso exemplar para a China toda e uma atração para educadores de todo o mundo, revela, claramente, o dinamismo a que me referi.

Em 1945, depois da expulsão dos japoneses pelas tropas comunistas chinesas, se deu início a "um plano de alfabetização que incorporava um esquema para o começo de um programa de reforma agrária, como precondição ao desenvolvimento da vila". A reforma agrária, precondição para o desenvolvimento da vila, se associava, como projeto ainda, ao clima geral de motivação, que a caracterizava, com a expulsão do invasor.

O primeiro momento da campanha de alfabetização, toda ela eminentemente política, em qualquer de suas fases, se centrou na discussão em torno da urgência da reforma agrária.

Desta forma, o ímpeto de renovação da realidade local por parte da população camponesa a fez sentir a necessidade da alfabetização através da qual lhe foi possível a compreensão crítica de uma necessidade, sem cuja satisfação aquele ímpeto se perderia e, com ele, o próprio esforço de alfabetização. Mas, realizada a reforma agrária, os camponeses percebem que, apesar de tudo, não podiam aumentar a produção (sem a qual a transformação de Tachai se frustraria) por "falta de animais e de instrumentos" de trabalho.

Foi a experiência da nova necessidade que, surgindo no dinamismo mesmo da transformação da realidade, provocou uma nova fase do programa de alfabetização, centrada então na discussão em torno das vantagens da organização para o trabalho em cooperação.

Deste modo, a necessidade sentida passa a ser criticamente percebida e uma primeira resposta a ela é dada através da organização de uma equipe de ajuda mútua, coordenada por Chen Yung-Kuei, que vai assumindo, a pouco e pouco, uma liderança indiscutível no desenvolvimento de Tachai.

Os resultados positivos da experiência de Chen Yung-Kuei e seus companheiros motivaram outros tantos camponeses que a eles vieram se associar. Assim, a equipe inicial de trabalho à base da ajuda mútua se transformou em 1952 numa cooperativa a nível primário; em 1956 se alonga em cooperativa socialista e, finalmente, em 1958 a vila de Tachai se torna uma "brigada de produção".

O processo de educação popular acompanha todas estas modificações, estimulando-as e por elas sendo estimulado.

Muito tempo depois de haver participado, como analfabeto, da campanha de alfabetização de sua vila e de ter liderado o primeiro grupo de trabalho cooperativo, em conversa com professores norte-americanos que visitavam Tachai, Chen sumariza numa frase as razões por que sua vila se transformou tão radicalmente: "O poder criador do povo — esta é a força de Tachai e da China."[54]

Talvez não fosse demasiado recapitular, rapidamente, os passos fundamentais da experiência de Tachai, acompanhando, quase didaticamente, o movimento dinâmico entre a educação, incluída a alfabetização de adultos, a que se segue toda uma série de atividades, através de grupos de estudo, não referidas nesta carta, e as transformações estruturais.

---

[54] Committee of Concerned Asian Scholars, *China! Inside the People's Republic*. Nova York: Bantam Books, 1972, p. 158.

Durante a invasão japonesa, exploração, dominação, falta de iniciativa.

A expulsão do invasor em 1945 pelos comunistas chineses desperta a população completamente e a envolve num sentimento oposto — o da esperança, o da autoconfiança — que a leva necessariamente a comprometer-se num esforço sério de reconstrução de sua vila.

O novo clima criado com a libertação é suficiente para fazer a população aderir lucidamente à campanha de alfabetização que o Partido Comunista lhe propõe. A campanha de alfabetização, por sua vez, previa um esquema de reforma agrária sem cuja realização seria inviável a reconstrução de Tachai. Desta forma, a campanha associa ao aprendizado da leitura e da escrita, a "leitura" da realidade socioeconômica, de que a necessidade da reforma agrária era um dado fácil de ser "lido".

Percebida a urgência da reforma, que não se faz sem a remoção de certos obstáculos, cuja confrontação se constituiu também como fator de formação de consciência política da população, se efetiva, finalmente, a reforma.

Realizada esta, os camponeses se defrontam com uma nova necessidade, que emerge agora de maneira clara, destacada, no dinamismo da própria transformação — a necessidade do trabalho baseado na ajuda mútua, somente como poderiam, juntando suas forças, superar suas limitações individuais na atividade produtiva. Somente como, indo mais além de interesses individualistas, poderiam aumentar a produção e consolidar as vitórias até então alcançadas. Acompanhando o novo momento, a educação se orienta na mesma direção — a do estímulo ao trabalho solidário, de ajuda mútua, que termina, de grau em grau, por levar Tachai a constituir-se numa "Brigada de Produção".

Talvez fosse interessante, num puro parêntese, aproveitar a oportunidade em que estamos discutindo e analisando a hipótese de trabalho que apresento nesta carta, a fim de chamar a atenção mais uma vez para as relações entre a educação e o projeto global da sociedade.

Um plano como o que estamos discutindo, por exemplo, não pode ser posto em prática, a não ser em escala demasiado reduzida, se, no projeto global da sociedade, a política estabelecida para o desenvolvimento econômico se orienta no sentido de uma rápida industrialização a ser feita através do "tributo" a ser pago a ela pela produção agrícola. Pelo contrário, um plano educacional como este pressupõe uma política industrial que, necessária e indispensável, enfatize-se, tenha na economia agrícola a sua base, jamais a sua serva dependente. No primeiro caso, as relações entre agricultura e indústria são em última análise as relações entre camponeses e trabalhadores urbanos industriais, produzindo todos para o bem-estar social e coletivo;[55] no segundo, necessariamente se cria um fosso entre os padrões de vida de uns e de outros. E tudo isso tem que ver, por sua vez, com a concepção mesma da produção.

Se o lucro continua a ter nela um papel, senão idêntico, semelhante ao que tem na economia capitalista, a

[55] A esse propósito, ver Paul T. K. Lin, "Development Guided by Values: Comments on China's Road and Its implications", in Saul H. Mendlowitz (org.), *On the Creation of a Just World Order*. Nova York: The Free Press — A Division of Macmillan Publishing Co., 1975, p. 259-297.

produção se orientará, como disse na carta nº 3, na direção dos valores de troca e não na dos valores de uso. Assim, não será de estranhar que os estímulos à produção sejam sempre de ordem material, ao contrário do que centralmente pretende um programa educativo como o que aqui discutimos. Programa que, estreitamente ligado à produção, busca incentivar a responsabilidade social e o trabalho cooperativo, com vistas ao interesse comum e que, em última análise, se fundamenta numa profunda crença nos seres humanos. Crença crítica e não ingênua na sua possibilidade de refazer-se na prática da reconstrução de sua sociedade.

Uma das vantagens de um projeto como este, ao propor a reflexão crítica sobre a realidade contextual em "convivência" com ela, é a de estimular o surgimento de um novo tipo de escola — a que, em sintonia com o projeto de nova sociedade que se procura criar na Guiné-Bissau e em Cabo Verde, não dicotomiza teoria da prática, reflexão de ação, trabalho intelectual de trabalho manual.

Correndo o risco de ser exageradamente reiterante, diria que, tão cedo quanto realisticamente possível, deve ser abolida a escola dicotomizante, onde quer que exista, e jamais permitida a sua presença em áreas ainda virgens ao contacto de sua força alienante.

Há pouco mais de um ano tive a oportunidade de conhecer uma experiência realmente rica numa zona rural do Caribe, de que alguns aspectos, entre os quais o de como os camponeses organizavam sua própria educação, nos podem aportar valiosas sugestões ao projeto sobre que conversamos nesta carta.

Organizados em torno de uma cooperativa[56] de produção, os camponeses dividiram a área do cultivo em unidades de trabalho, participando de cada uma um mínimo de quinze trabalhadores.

Em cada uma dessas áreas construíram uma palhoça que funciona como restaurante e centro de estudos e em que duas ou três companheiras (não tinham conseguido superar ainda o preconceito de que aos homens não lhes cabe cozinhar) preparam o almoço. Ao chegarem, cedo, ao campo, se dirigem à "sede" da área — a palhoça — deixando lá a contribuição que trazem — uma galinha, um peixe, pescado na baía próxima, um pedaço de carne, uma fruta-pão, legumes, frutas —, não tendo nenhum o direito de, na hora do almoço, reivindicar a contribuição pessoal trazida. Mescladas as quotas pessoais na grande panela de todos, já nada pertencia a ninguém. O trabalho em comum, solidário, tem que ver com a comida em comum.

Cada grupo elege um líder que, trabalhando da mesma forma que os demais na produção, tem responsabilidades de organização, de coordenação e, às vezes, de representação do grupo junto à administração, também camponesa, da cooperativa.

---

[56] Esta cooperativa nasceu à raiz de um conflito entre os camponeses e a empresa estrangeira que explorava a terra e a força de trabalho dos camponeses. O conflito, por sua vez, resultou da demissão de um agrônomo nacional, havia pouco contratado, com quem os camponeses se solidarizaram totalmente, devido à maneira democrática e aberta que caracterizava suas relações com eles. O conflito se aprofundou a tal ponto, gerando uma extensa e prolongada greve (a primeira da região), que terminou por impor a "nacionalização" das terras exploradas pela empresa estrangeira, de que uma parte, apenas, foi "cedida" aos camponeses, em regime de arrendamento, para o cultivo.

Dedicam duas horas ao almoço em que, invariavelmente, discutem problemas os mais variados — técnico-agrícolas, sanitários, financeiros, comerciais e a dimensão política desses problemas. Pensam sobre sua prática. Assisti a uma dessas reuniões, à sombra da palhoça rústica, e pude constatar, mais uma vez, o óbvio: que é pensando a prática que aprendemos a pensar certo.

Uma vez por semana os líderes dos grupos se encontram com o engenheiro agrônomo (que vai ao campo diariamente) e fazem juntos a avaliação do que ocorreu entre uma reunião e a outra. No encontro seguinte com seus grupos, os líderes fazem uma análise de sua reunião com o agrônomo que, enquanto funcionário da cooperativa, é assessor técnico dos camponeses.

Além destas reuniões entre os grupos de trabalho e seus líderes e daquelas entre estes e o agrônomo, há outras de caráter administrativo com o corpo dirigente da cooperativa e outras especiais, em que o presidente camponês discute com seus companheiros sobre as linhas gerais de ação, sobre os problemas mais urgentes a serem enfrentados etc.

Depois de algum tempo de realizarem esta experiência, os camponeses resolveram ampliá-la. Passaram então a motivar a população do pequeno centro urbano a que sua área rural se liga, oferecendo quatro seminários anuais sobre a realidade local, partindo, naturalmente, da análise de sua própria experiência. Os temas destes seminários são escolhidos pelos camponeses que também indicam entre si os companheiros que devem apresentá-los, em comunicações curtas, a que se segue um debate.

Quando de minha visita de quatro dias, em que fui hospedado pelo presidente da cooperativa, participei de um desses seminários abertos à população urbana. Não me surpreendeu em nada a maneira lúcida como os camponeses trataram os temas do seminário, como criticavam o individualismo, o oportunismo, o vedetismo, como enfatizavam a necessidade do trabalho cooperativo, como repudiavam as soluções verticais, como defendiam o direito de ter voz, como sua prática política os radicalizava, fazendo-os ver que a causa dos problemas mais fundamentais com que se defrontavam nem sempre se encontrava na "intimidade" de seus poucos hectares. Alcançavam, a pouco a pouco, a visão da totalidade, superando assim a percepção focalista dos problemas.

Ao escrever esta carta, não sei se esta experiência foi abortada ou se continua e, se continua, se terá sido distorcida. Nenhuma dessas hipóteses me surpreenderia.

É interessante contudo observar como esta experiência sucintamente referida nos remete a alguns pontos sobre o que temos insistido em cartas anteriores e nesta mesma.

Um deles, por exemplo, é o papel do conflito da clarificação da consciência política das massas populares nele engajadas. Os mesmos camponeses que vi ativos, organizando-se na defesa de seus interesses, se encontrariam, poucos anos antes, apáticos.

A experiência da luta de libertação na Guiné-Bissau, para falar só nela, e suas consequências na clareza política de seu povo, é demasiado rica a esse propósito.

O outro ponto é o das relações entre a educação, incluída a alfabetização de adultos, e as transformações infraestruturais. Antes do conflito de que resultou a criação da cooperativa, que alterou as relações sociais de produção, a mesma população camponesa que conheci envolvida num interessante esforço educativo não tinha condições objetivas nem subjetivas para tal. Dadas estas condições, foi possível iniciar um trabalho em que se tentava, mesmo ainda a nível introdutório, a unidade da prática e da teoria, da ação e da reflexão, do trabalho manual e do trabalho intelectual.

Finalmente, a experiência relatada demonstra a possibilidade de tomar-se uma área de produção como um grande Círculo de Cultura, em que todos educam e se educam mutuamente, tendo na sua prática o ponto de partida para a compreensão crítica de sua quotidianeidade.

Façamos, agora, uma tentativa de esquematização, de modo nenhum, porém, rígida, dos pontos centrais referidos até agora.

I) Tomar uma área de cultivo como um Círculo de Cultura em si mesma.

II) Como ponto de partida do projeto, a mobilização da população, o que implica a sua organização, no sentido de, através de um comitê local, participar diretamente de sua administração. A população deve sentir o projeto como seu. Daí a necessidade, no processo da mobilização, de uma interpretação dos objetivos do mesmo, de certos aspectos metodológicos que o projeto implica, bem como da importância da presença permanente, se e quando possível, de jovens que tenham terminado seu curso de liceu e que se incorporarão à população como trabalhadores também. A incorporação destes jovens à população local — repito se e quando possível — coloca a eles o problema de sua "morte" como intelectuais formados a distância da prática produtiva e à população a aceitação deles como verdadeiros camaradas. Mesmo que um programa como este seja mais facilmente realizável por militantes das FARP, que juntem à sua consciência política sua condição também de camponeses e sua experiência no campo da alfabetização e da pós-alfabetização, me parece da mais alta importância tentar a adesão de alguns jovens recém-saindo do liceu e que se encontrem militando no Partido.

Se não lhes foi possível a esses jovens, por várias razões, entre elas a da própria idade, dar sua contribuição à luta pela libertação nacional, esta seria, agora, uma forma de dar sua participação à luta pela reconstrução nacional. Dois anos que dediquem à prática produtiva e político-pedagógica, lado a lado com seus camaradas camponeses, lhes darão o que o liceu não lhes pôde dar, independentemente da boa intenção de seus professores.

Esses jovens poderiam, de vez em quando, vir a Bissau, toda vez que possível acompanhados de camaradas camponeses, para participar de seminários com estudantes e professores do liceu. Seminários em que discutiriam a experiência em marcha, preparando, assim, o terreno para que outros jovens, motivados, se engajassem em prática idêntica. Seria este ainda um modo a mais de acelerar a reformulação tão necessária quanto urgente do sistema educacional do país.

III) O conteúdo programático da educação emerge da reflexão crítica permanente sobre a prática social de que a produtiva é uma dimensão determinante. A análise da prática produtiva abre a possibilidade ao estudo sério, que deve ir gradativamente aprofundando-se, de uma temática rica e plural. Estudo através do qual se vai superando a pura opinião em torno dos fatos pela compreensão de sua razão de ser.

Esta temática plural e rica abarca desde as técnicas agrícolas — a semeadura, a colheita, o tratamento da terra, o combate às pragas, à erosão — até a compreensão mesma do ato de produzir. A política econômica do país — o que produzir, como produzir, para que produzir. Problemas sanitários, cuja discussão pode viabilizar a criação de um subcomitê de medicina preventiva, com o aperfeiçoamento dos "curandeiros" e das "comadres" — doutores populares — que, devidamente treinados pelo pessoal especializado do Comissariado de Saúde, poderiam prestar um inestimável serviço à população.

Seria exaustivo aqui e desnecessário agora referir o sem-número de temas que a reflexão sobre a prática produtiva nos possibilita e que vão compondo, em unidades de conhecimento interligadas, o conteúdo programático da educação. O importante é que um programa que assim se constitui, de maneira dinâmica, jamais seja reduzido a fórmulas acabadas, estáticas e burocráticas.

Na carta nº 3, a título de exemplo, vimos a riqueza temática que a palavra arroz nos poderia proporcionar.

IV) A posta em prática de um projeto como este exige a colaboração estreita de diversos Comissariados — o da Educação, o da Agricultura, o da Saúde, o de Comunicações, o de Finanças, o de Comércio —, devendo o Partido, nos planos local, regional e nacional, estar não apenas a par da existência do mesmo, mas constantemente informado de seu andamento. Em certas circunstâncias seria o próprio Partido o iniciador do processo, em colaboração com os Comissariados nele envolvidos. Esta colaboração começa no momento mesmo em que se discute, a nível dos Comissariados e com a participação do comissário político das FARP, a possibilidade de tal experiência, continua na etapa da capacitação dos educadores e acompanha o projeto em todas as suas fases.

V) Impõe-se uma relação constante entre o comitê local da área em que se dá a experiência e os diferentes setores dos diversos Comissariados, diretamente ligados ao projeto. A maneira como estabelecer essas relações, o menos possível burocrática, será encontrada na prática mesma do projeto. O fundamental é que elas se realizem objetiva e eficientemente.

VI) Na medida em que seja possível realizar uma experiência em certa área do país e em que a população nela envolvida desenvolva a prática de pensar sua prática produtiva e de ir mais além da mera opinião dos fatos, a área pode ir transformando-se não apenas num exemplo para outras áreas, mas também e por isso mesmo num centro de capacitação de novos quadros.

A prática ensinará a todos nela engajados a ver uma variedade de aspectos, de problemas, que não estão sequer mencionados nesta carta, e possivelmente retificará algumas das sugestões aqui dadas. Finalmente, sem querer voltar a falar da importância da gravação do discurso camponês e do variado uso que dele se pode fazer, insistirei em que tanto quanto possível os debates nos diferentes grupos de estudo devem ser gravados.

Fraternalmente,
Paulo Freire

Genebra, 7 de maio de 1976

Camarada Mário Cabral,

Mais uma vez lamentamos Elza e eu não nos ter sido possível estar com vocês quando da última visita do IDAC.

Segue a cópia da carta que escrevi a Paulo e, através dele, à equipe toda. Como você verá pela leitura da mesma, minha intenção é a de pôr problemas sobre a mesa, a de examiná-los à luz da prática em que nos achamos envolvidos e não a de dar soluções.

Caso haja na carta algo que não corresponda à realidade do país e com que, por isso mesmo, você não concorde, chame a minha atenção para que, corrigindo-me, possa trabalhar melhor.

Continuamos aguardando suas instruções sobre a remessa do dinheiro de que lhe falei na carta que lhe mandei por Miguel.

Esperando encontrá-lo em Dar es Salaam, no próximo mês, vai aqui o abraço do camarada e amigo

Paulo

Genebra, primavera, 1976 (Carta nº 6)

Meu caro Paulo,

Recebi, há dias passados, sua carta em que me fala das reuniões mais sistematizadas entre vocês, que atuam em diferentes setores no campo da alfabetização de adultos.

Sem querer re-insistir na necessidade do trabalho em comum, sem o qual pouco poderá ser feito, sem pretender re-enfatizar o que já sabemos, o quanto a troca de experiências nos enriquece a todos, estou convencido de que as dificuldades com que porventura vocês se defrontem na busca de tal esforço podem ser facilmente superadas. É que há um denominador comum que tende a identificá-los — o sentido da militância. Na verdade, quanto mais nos assumimos como militantes, clarificando-nos em nossa prática política, lúcidos com relação ao em favor de quem e de que nos encontramos comprometidos, tanto mais somos capazes de ir vencendo as tentações individualistas que obstaculizam o trabalho em equipe. É enquanto militantes que nos fazemos muito mais do que simples especialistas. É a militância a que nos disciplina e nos move a procurar conhecer melhor a realidade em cujo processo de transformação e recriação nos achamos lado a lado com outros militantes, vigilantemente despertos quanto a possíveis ameaças.

Neste sentido, um encontro de militantes que avaliam juntos sua própria prática — prática não *para* o povo, mas *com* ele — não pode tornar-se um encontro de especialistas em atitude de defesa um em face do outro. O encontro de militantes há de ser sempre, por isso mesmo, um encontro dialógico, jamais polêmico, o que não significa a inexistência de divergências e de pontos de vista diferentes, que devem ser superados pela discussão séria e profunda dos mesmos.

Por tudo isto é que sempre insisto, em minhas conversas com educadores, não propriamente nas técnicas e nos métodos, mas na clareza política do educador-militante, com relação ao interesse de quem se encontra a serviço.

A militância nos ensina que os problemas pedagógicos são sobretudo ideológicos e políticos, por mais que esta constatação possa assustar a educadores que falam em fins abstratos da educação e sonham com um modelo de ser humano desgarrado das condições concretas em que o ser humano se acha.

O novo homem e a nova mulher não se constituem na cabeça dos educadores, mas na nova prática social que substitui a velha, incapaz de criá-los.

É também a militância correta, que demanda a unidade dialética entre a prática e a teoria, a ação e a reflexão, a que nos estimula a criatividade, contra os perigos da burocratização e da rotina.

A "convivência", por exemplo, que venho tendo com temas desde muito objetos de minha preocupação jamais foi capaz de "burocratizar" minha curiosidade em face deles. Aproximo-me deles, enquanto deles "tomo distância", apreendendo-os como problemas, por isso mesmo como desafios a serem desvelados.

No ato de revê-los, de re-examiná-los, re-vejo e re-examino, também, a percepção que deles tive na minha passada reflexão sobre eles. Mais ainda, e sobretudo, re-vejo e re-examino a prática que tive, a prática que estou tendo e a prática dos outros, que tomo como objeto de minha análise crítica — a prática na qual os temas se configuram como problemas.

A minha curiosidade não se burocratiza na medida mesma em que não me burocratizo em minha prática, ponto de referência fundamental de minha reflexão. Assim, o permanente exercício de reflexão a que me obrigo se encontra sempre orientado ao concreto em que me acho problematizado. Ao procurar "retirar" do concreto os problemas em forma de temas para, pensando sobre eles, compreender sua *raison d'être*, jamais aceito a tentação de transformá-los em vaguidades abstratas. No momento em que aceitasse esta tentação é que estaria desvinculando-me de minha prática, negando assim o seu papel de matriz de minha própria reflexão. Esta se converteria, então, num jogo puramente intelectualista, que se expressaria num palavreado, sonoro ou não, mas palavreado sempre.

A unidade dialética entre ação e reflexão, prática e teoria, se impõe a mim, qualquer que seja o contexto em que me encontre — seja o contexto concreto em que atuo, seja o contexto teórico em que, "tomando distância" daquele, examino o que nele se dá.

Daí a insistência com que digo e re-digo que a prática de pensar a prática é a melhor maneira de pensar certo.

Sem pretender dar conselhos, receitas ou aula, é exatamente esta reflexão crítica sobre a prática de vocês, por vocês, que a militância correta lhes exige, que deve ser uma das preocupações centrais do trabalho da comissão que os congrega e de cujos primeiros encontros sistemáticos você nos dá notícias em sua carta.

Aproveitando, porém, a oportunidade em que lhe escrevo, respondendo à sua carta e, através de você, aos demais camaradas da comissão, gostaria de tocar num ponto que constantemente emergiu nas reuniões que aí tivemos em fevereiro passado. Refiro-me ao nível ainda incipiente do trabalho de alfabetização de adultos nas áreas populares de Bissau. Em todos os depoimentos em torno do andamento deste trabalho notava-se quão distantes se achavam os seus resultados, dos alcançados no mesmo esforço, no interior das FARP.

Mesmo que conheçamos algumas das principais razões que podem explicar os descompassos entre tais resultados, creio interessante refletir um pouco sobre o fato, no sentido de repensar — o que, segundo sua carta, vocês já estão fazendo — o até agora feito, para encontrar diferentes maneiras de tornar mais eficiente o trabalho nas áreas populares, chamadas civis.

Parece evidente que uma das razões fundamentais que esclarecem o avanço que se verifica nas atividades de alfabetização e pós-alfabetização no seio das FARP é o alto nível de consciência política de seus militantes. Consciência política forjada na longa luta de libertação.

Não é de estranhar, por isso mesmo, que esses militantes, percebendo a luta pela reconstrução nacional como uma continuação necessária daquela, percebam, também, em termos críticos, a necessidade de aprenderem a ler e a escrever como uma forma de melhor servirem à reconstrução do país e não como um meio de instrumentar-se no sentido de satisfazer a interesses individuais.

De estranhar seria que entre os militantes das FARP (mesmo uma minoria) se associasse o aprendizado da leitura e da escrita à obtenção de bons empregos ou de uma posição de privilégio. Entre eles, a expressão "reconstrução nacional" tem, indiscutivelmente, um significado concreto. Significado que lhes veio sendo desvelado pela luta mesma. Nesta é que devem ter percebido bem a advertência de Amílcar Cabral de que "o povo não luta por ideias, por coisas que estão na cabeça dos homens. O povo luta e aceita os sacrifícios exigidos pela luta, mas para obter vantagens materiais, para poder viver em paz e melhor, para ver sua vida progredir e para garantir o futuro de seus filhos. Libertação nacional, luta contra o colonialismo, construção da paz e do progresso — independência —, tudo isso são coisas vazias e sem significado se não se traduzem por uma real melhoria das condições de vida".[57]

É precisamente a clara compreensão desta advertência que se veio constituindo na luta pela libertação, que os faz ver na reconstrução nacional a continuação necessária daquela luta.

Em um dos Círculos de Cultura a cujos debates assistimos Elza e eu, em que falavam da luta pela libertação, referindo-se a certos episódios desta luta, estabeleciam sempre a relação estreita entre ela e a reconstrução nacional. "Se na reconstrução, que exige a luta pela produção", disse mais ou menos um deles, "só pudermos comer uma vez por dia, comeremos uma vez por dia. Os interesses do povo estão acima dos interesses individuais."

Na verdade, o analfabetismo no seio das FARP, como entre aquelas populações que se encontram diretamente envolvidas na luta pela libertação, é linguístico e não político. Do ponto de vista político, esses militantes são altamente "le-

[57] Amílcar Cabral, *PAIGC: Unidade e Luta*, p. 46.

trados", ao contrário de muitos letrados, que são politicamente "analfabetos".

Por outro lado, um dos traços marcantes do PAIGC, sob a lúcida liderança de Amílcar Cabral e de seus camaradas, foi sempre o de, entendendo a luta de libertação nacional "como um fato cultural e um fator de cultura", em tempo algum haver dicotomizado nela o político do militar.

Não uma vez nem duas, em seus textos, Amílcar Cabral sublinha "que a nossa resistência armada é um ato político" e que a "nossa resistência armada é também uma expressão da nossa resistência cultural".[58]

Foi esta visão dinâmica da luta, constituindo-se na luta mesma, que levou Amílcar Cabral e seus camaradas de Partido a jamais desprezar a formação rigorosa dos militantes. Daí que nunca tivesse sido esta reduzida a um treinamento puramente técnico-militar para o manuseio das armas. O militante aprendia não apenas o que era um fuzil e como usá-lo, mas também para que usá-lo, por que usá-lo, contra quem e contra que usá-lo e a favor de quem e de que usá-lo.

"Somos militantes armados e não militares", disse Amílcar, insistindo na necessidade de "um trabalho político eficaz no seio das Forças Armadas", cuja falta provocava "uma certa mania militarista. Tendência, enfatizava ele, que deve ser combatida e liquidada com urgência no seio das FARP".

Em todos os seus momentos e aspectos, a luta se dava sempre à reflexão dos militantes, qualquer que fosse o nível de sua responsabilidade nela.

As FARP se constituíram numa experiência que sendo militar foi sobretudo militante e em que, por isso mesmo,

---

[58] Ib., p. 219-20.

os seus participantes eram constantemente desafiados a pensar, a conhecer, a criticar, e a criticar-se, a aprender de seus erros e de seus acertos. Este foi sempre o clima da luta.

"Desenvolver o princípio da crítica em todas as reuniões do Partido", diz Cabral em um de seus textos, dirigindo-se aos camaradas, "em todos os comitês e no seio das Forças Armadas. Na guerrilha ou no exército, depois de cada operação contra o inimigo, devemos apreciar os resultados dessa ação e o comportamento de cada combatente".[59] Noutro texto, diz ele ainda: "Temos de ter cada vez mais consciência dos erros e das faltas que fizemos, para podermos corrigir o nosso trabalho e agir cada dia melhor ao serviço de nosso Partido. Os erros que cometemos não devem desanimar-nos, assim como as vitórias alcançadas não devem fazer-nos esquecer os erros." E mais adiante: "Devemos, portanto, diante das perspectivas favoráveis de nossa luta, estudar cada problema em profundidade e encontrar para ele a melhor solução. Pensar para agir e agir para pensar melhor."[60]

Este sentido de militância, de compromisso, que inclui a curiosidade crítica, a necessidade de conhecer cada vez mais a realidade que se busca transformar, continua a caracterizar as FARP — e não poderia deixar de ser assim — no momento atual da vida nacional. Este sentido de militância, com tudo o que ele implica, se faz, afinal, um aspecto fundamental na compreensão dos resultados altamente positivos que se vêm obtendo no trabalho de alfabetização e de pós-alfabetização no seio das FARP.

---

[59] Ib., p. 59.

[60] Ib., p. 14-15.

Não é esta, porém, a situação com que nos defrontamos nas áreas populares civis de Bissau, cuja população, intensamente exposta, durante a fase colonial, à presença do colonizador, a seu poder, à sua violência e a seu engodo e intocada ou quase intocada pela luta, não teve nesta a parteira de sua consciência política.[61] Daí que, enquanto para os militantes das FARP a alfabetização e a pós-alfabetização sejam percebidas, facilmente, como um ato político e um meio de melhor servirem aos interesses coletivos, grande parte dos que têm procurado os Círculos de Cultura nas áreas civis, segundo os depoimentos que aí tivemos, vê a alfabetização como um instrumento para a solução de interesses individuais.

Embora convencido de que esta atitude tenda a ser superada, na medida em que o Partido, fiel a seu passado de compromisso com o povo e o Governo, fiel a esse Partido, portanto ao povo, vem dando testemunho desta fidelidade através de obras materiais, não podemos desconhecer esse dado concreto.

Parece importante recordar, mais uma vez, a advertência de Amílcar, já citada nesta carta: "Lembrar sempre que o povo não luta por ideias, por coisas que estão na cabeça dos homens." Se Cabral fazia esta advertência com relação à luta pela libertação, ela é válida quanto à luta pela reconstrução nacional, a que a alfabetização de adultos, para falar só nela, se deve ligar.

---

[61] Isso não significa, de modo algum, negar, de um lado, o esforço desenvolvido em Bissau pelo PAIGC, nos primeiros anos de suas atividades, a partir de 1956, ano em que foi fundado, nem o massacre de Pidjiguiti, em 1959, bárbara repressão do poder colonial às primeiras expressões de rebeldia popular canalizada pelo Partido, nem, de outro, o empenho constante do PAIGC, durante toda a luta, no sentido de atuar em Bissau.

Desta forma, o trabalho de alfabetização de adultos nestas áreas civis nos coloca uma série de problemas, entre eles o de como nos aproximar de tais áreas. O de como encontrar caminhos através dos quais problematizemos aos indivíduos sua explicável percepção individualista da alfabetização. O de como, desde o momento mesmo dos primeiros contactos com os habitantes da área, já comecemos a vincular a alfabetização a uma tarefa concreta, a ser feita à base da ajuda mútua, em lugar de enfatizar a percepção que dela têm — a de uma atividade intelectual capaz de promovê-los individualmente.

Ao começar a repensar as atividades nestas áreas, creio que uma das primeiras preocupações da comissão, que submeto a vocês, deveria ser a de selecionar, com o máximo do rigor, algumas delas como experimentais, para um diferente início dos trabalhos de alfabetização. A seleção deverá ser tão mais rigorosa quanto estejamos advertidos de que os resultados obtidos nas áreas escolhidas jogarão um indiscutível papel no aprofundamento da campanha e na sua expansão a outras áreas. Nelas aprenderemos dos acertos e dos erros cometidos, a serem sempre analisados e discutidos em sua razão de ser.

Isto significa aplicar ao trabalho de alfabetização, à sua organização, a seu funcionamento os mesmos princípios de crítica, de disciplina criadora e militante que Cabral sempre apresentou como fundamentais para a vitória na luta pela libertação.

A seleção implica, naturalmente, certos critérios, entre os quais salientaria pelo menos dois: o de se a população da área ou parte dela está envolvida em alguma atividade produtiva sistemática, ou prestes a envolver-se, e o dos níveis de participação política da população; em outras palavras, como a população vem respondendo ao esforço de mobilização política feito pelos comitês de bairro do Partido. Daí que a comissão deva estar em diálogo constante com a liderança desses comitês, não apenas no momento da seleção das áreas, onde atuar, mas durante todo o processo de sua ação nos bairros. O Partido deve ter um papel importante, não só na escolha das áreas, mas na implantação e no desenvolvimento do programa.

Escolhidas as áreas — duas, três, não importa —, o ponto de partida do trabalho seria uma visita às mesmas, em que os membros da comissão se fariam acompanhar de um dos representantes do comitê político local.

A esta altura talvez se pudesse dizer por que visitar este ou aquele bairro, como ponto de partida do trabalho de alfabetização, se vivo em Bissau, se tenho estado nesses bairros por várias vezes? O fato, porém, de haver estado várias vezes num bairro ou de caminhar diariamente numa rua nem sempre é suficiente para que tenhamos da rua ou do bairro uma visão realmente crítica. Visão que começamos a ter na medida em que, mais do que simplesmente visitar o bairro ou andar quase automaticamente pela rua, olhando e *escutando* apenas, tomamos o bairro ou a rua como "pre-ocupação", procurando *vê-los* e neles *ouvir* sua população — comunicar-nos com ela. Processo em que, mais do que especialistas "frios e distantes", que fazem da área e de seus habitantes *objetos* de sua análise, somos *militantes* em busca de conhecer a realidade da área *com* os que nela habitam.

Nestas visitas, os mais mínimos pormenores em torno da realidade devem ir sendo anotados — o estado em que se encontram as ruas do bairro e que tinha que ver, por exemplo, com a saúde coletiva; a existência ou não de pontos de encontro, em que as pessoas conversam; a maneira como as crianças brincam ou não nas ruas; um sem-número, afinal, de dados que se revelam a nós quando não apenas andamos pelas ruas, mas nos pomos curiosos diante delas.

De alguns desses aspectos poderiam ser feitas fotografias — verdadeiras codificações da área — que seriam discutidas, posteriormente, nos Círculos de Cultura, por seus participantes.

Constituindo-se como uma primeira aproximação crítica aos bairros, estas visitas nos introduzem ao conhecimento deles, conhecimento que se irá selando na proporção em que aprofundemos nossa intimidade com seus habitantes, não só nos Círculos de Cultura, mas sobretudo através de algum programa de ação concreta a ser desenhado com a participação dos habitantes.

Desta forma, em alguns casos, que a prática nos indicará, a pós-alfabetização pode "preceder" à alfabetização. Assim, em lugar de começarmos com Círculos de Cultura para a alfabetização, começaríamos discutindo com grupos de pessoas do bairro aspectos concretos de suas ruas e a possibilidade de, em uma forma de trabalho baseado na ajuda mútua, resolver pequenos problemas locais. Ao discutir-se, por exemplo, a viabilidade de se juntarem esforços no sentido de aterrar depressões do terreno em que as águas da chuva se acumulam e se estagnam, possibilitando a proliferação de mosquitos, se pode debater uma série de ângulos no campo da saúde. E não só isto, mas discutir também a significação do trabalho cooperativo, da colaboração, da unidade, da reconstrução nacional. A compreensão desta, neste caso, passa pela prática concreta da reconstrução da casa em que se mora, das ruas de um bairro e do bairro mesmo.

Em certo momento do engajamento da população em tarefas concretas é possível que a necessidade da alfabetização se imponha. Ela será, então, nesta hipótese, a continuidade aparentemente paradoxal da pós-alfabetização que a precedeu.

Em qualquer situação, porém, se faz indispensável associar a alfabetização como a pós-alfabetização a uma atividade prática, de interesse coletivo, sempre realizada cooperativamente.

Para qual seja esta atividade não há receitas prévias nem pré-fabricadas. É convivendo com os indivíduos em seu bairro que iremos descobrindo *com* eles o que fazer e é dando-nos ao que fazer e sobre ele pensando que iremos conhecendo mais e melhor.

O conteúdo programático da alfabetização — as palavras geradoras e os temas a elas referidos —, como o da pós-alfabetização, emerge da compreensão crítica do bairro e das diferentes práticas que nele se possam desenvolver.

Como tenho sempre sublinhado, ao escrever-lhes não tenho outra intenção senão a de propor questões, jamais a de oferecer soluções, mesmo quando sugiro certo tipo de ação.

É com este propósito que lhes escrevo mais uma vez, quando, desafiados, vocês buscam novos caminhos para dinamizar as atividades da alfabetização de adultos nas áreas populares de Bissau.

Com o abraço fraternal de
Paulo Freire

ÚLTIMA PÁGINA

ATÉ HOJE, SEM EXCEÇÃO, nenhum dos poucos livros que escrevi deixou de ser uma espécie de relatório, não burocrático, é certo, de experiências realizadas ou realizando-se em momentos distintos da atividade político-pedagógica em que me acho engajado desde o começo de minha juventude. *Cartas à Guiné-Bissau: Registros de uma experiência em processo*, talvez seja, entre todos, o que mais explicita, a partir de seu próprio título, este caráter de livro-relatório. Sua introdução e o P.S. a ela são o relato que situa as cartas no contexto para o qual e com relação ao qual foram escritas.

Na medida em que o processo de que trata o livro prossegue, me sinto obrigado a continuar fazendo outros relatórios, que ora aprofundarão afirmações e análises feitas, ora as retificarão, ou a algumas delas às vezes dirão o que ainda não foi dito.

A maneira como publicar os relatórios que se seguirão — se simplesmente anexando-os a este volume, na hipótese de novas edições do mesmo; se constituindo com eles um outro pequeno livro — não me preocupa no momento.

Um dos pontos a que terei de voltar, de maneira mais ampla, possivelmente no primeiro destes futuros relatórios, é o da língua. Na verdade, quanto mais me insiro na experiência guineense, tanto mais a importância deste problema se evidencia, demandando respostas adequadas em situações diferentes. De fato, o problema da língua não pode deixar de ser uma das preocupações centrais de uma sociedade que, libertando-se do colonialismo e recusando o neocolonialismo, se dá ao esforço de sua re-criação. E neste esforço de re-criação da sociedade a reconquista pelo Povo de sua Palavra é um dado fundamental.

Títulos de Paulo Freire editados pela Paz e Terra

À sombra desta mangueira

Ação cultural para a liberdade — e outros escritos

A África ensinando a gente — Angola, Guiné-Bissau, São Tomé e Príncipe (Paulo Freire e Sérgio Guimarães)

Alfabetização: leitura do mundo, leitura da palavra (Paulo Freire e Donaldo Macedo)

Aprendendo com a própria história (Paulo Freire e Sérgio Guimarães)

Cartas a Cristina — reflexões sobre minha vida e minha práxis

Cartas à Guiné-Bissau — registros de uma experiência em processo

Dialogando com a própria história (Paulo Freire e Sérgio Guimarães)

Educação como prática da liberdade

Educação e mudança

Educar com a mídia — novos diálogos sobre educação (Paulo Freire e Sérgio Guimarães)

Extensão e comunicação

Lições de casa — últimos diálogos sobre educação (Paulo Freire e Sérgio Guimarães) (título anterior: *Sobre educação*: Lições de casa)

Medo e ousadia — o cotidiano do professor (Paulo Freire e Ira Shor)

Nós dois (Paulo Freire e Nita Freire)

Partir da infância — diálogos sobre educação (Paulo Freire e Sérgio Guimarães)

Pedagogia da autonomia — saberes necessários à prática educativa

Pedagogia da esperança — um reencontro com a *Pedagogia do oprimido*

Pedagogia da indignação — cartas pedagógicas e outros escritos

Pedagogia da libertação
Pedagogia da solidariedade
Pedagogia da tolerância
Pedagogia do compromisso
Pedagogia do oprimido
Pedagogia dos sonhos possíveis
Política e educação
Por uma pedagogia da pergunta (Paulo Freire e Antonio Faundez)
Professora, sim; tia, não
Sobre educação vol. 2 (Paulo Freire e Sérgio Guimarães)

Este livro foi composto na tipografia Dante MT Std, em corpo 12/15, e impresso em papel off-white no Sistema Digital Instant Duplex da Divisão Gráfica da Distribuidora Record.